工廠叢書 ⑼④

如何解決工廠問題

陳銘輝/編著

憲業企管顧問有限公司　　發行

《如何解決工廠問題》

序　言

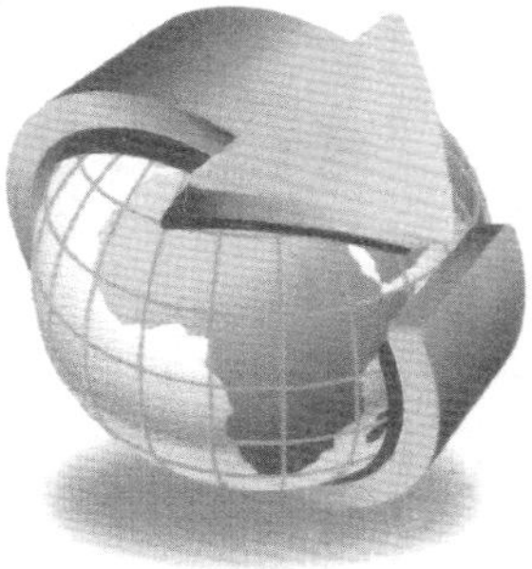

工廠本來是以生產盈利為目的的單位，但是現實似乎總是與設想背道而馳，各種各樣的問題層出不窮：不能按時交貨、品質問題不斷、制度形同虛設、倉庫的存貨越來越多、生產現場疲於奔命、成本愈來愈高……………………

管理人員成了救火隊員，四處滅火，但是火勢仍不減，隨時再冒出，舊問題還沒有解決，新問題又產生，結果在生死線上掙扎。

本書設定對象是企業生產部門的主管，針對生產部門困境，專為辦決各種生產問題而專門著作，提供引導生產部門主管們應當做的事情，做事的方法、技巧、表單、工具。

作為一個生產部門主管，每天通過有計劃的安排，通過找方法，一步一步解決問題，再把自己想做的事情、計畫做的事情、沒有解決的問題記錄下來，去尋找解決的辦法，定期檢視，使自己成為一名成功的生產計經理人。

主產部門主管是企業的執行者，由於各種原因，在管理工作中章出現許多問題：要麼出現缺乏規劃，沒有重點，看起來每天都很忙，但不知在忙什麼，忙得沒有效果；要麼執行力嚴重缺乏，上級的意圖總是貫徹不到位或未及時落實；又或不懂得設定目標，沒有掌握達成目標的科學方法等。出現這些問題的根本原因是，不會在年初做規劃，不會在季初、月初、周初做計畫，不會合理地安排下屬的工作，不會合理地運用自己每天的時間，不會有效地跟進部門各項工作，不會在月末、季末、年末的時候做總結報告。當然，還有一些新上任的部門經理甚至不知道自己該在什麼時候做計畫、該在什麼時候跟進工作、該在什麼時候寫總結，而只是被動地聽從上級安排，這自然不是一個優秀的部門經理的表現。

作為企業中堅力量的生產部門主管，在企業中起到承上啟下的作用，他們的職業素質、管理能力和領導能力決定了企業發展的速度，決定了企業能否培養出一支優秀的員工隊伍，決定了能否有效達成企業經營目標和提高業績。

成功一定有辦法，失敗一定有原因。工廠問題能解決的，思路有多遠，就能走多遠。只要思想之樹常青，思想就會噴湧而出，我們腳下就會有路，而且將越走越寬，前途也會無限光明。

思路決定出路，一開百開，一通百通。就像參禪悟道，茅塞一旦頓開，就像進入了新境界，萬事順利。此書能改善貴公司的生產問題，是我們最大的榮耀！

2015 年 8 月

《如何解決工廠問題》

目　錄

1 生產主管就是要解決問題

豐田公司認為，製造業工廠中任何時刻都可能有 85%的工人沒有在做工作：5%的人看不出是在工作；25%的人正在等待著什麼；30%的人可能正在為增加庫存而工作；25%的人正在按照低效的標準或方法工作。

誰能給出治病的良策？怎樣改變現場管理落後局面？怎樣才能使管理規範化？生產部主管就足要保持旺盛的戰力，克服一系列的生產問題。

很久很久以前，鯊魚就來到了這個世界。化石記錄顯示，鯊魚的祖先曾徜徉海洋 4 億多年，比恐龍還要早近 3 億年。但是，恐龍早已滅絕，而鯊魚成了海上「巨無霸」。

鯊魚有著極強的適應能力。大多數其他魚類都有儲氣的鰾，以幫助其保持浮力，在水裏上浮或下沉，自如遊動。而鯊魚沒有鰾，這關乎生死，強烈的危機感給它充足的動力，為了生存，它就得不停地遊動，隨時隨地地移動，永不停息，以保證自己不缺氧，不死亡。這種下停息的遊動，使得鯊魚無比強壯，無比靈活。在來回游走時，它更根據水溫隨時自我調適。因此，不論生存環境如何，鯊魚總是能夠很快地適應下來。

鯊魚是世界上最靈活的動物，全身只有軟骨，沒有一塊堅硬的骨頭。尖銳的牙齒是它賴以生存的武器，不斷淘換舊牙齒讓自己的武器更加銳利。化石和其他證據表明，鯊魚自出現在地球上以來，它們總體上以變化很小的進化方式生存至今，這足以證明鯊魚的身體構造十分實用，能有效地把握進化方向，達到長期的適應性。最近的研究證明：某些種類的鯊魚，包括它們的遠古祖先，能隨時改變牙齒的狀況以適應食物的變化。

鯊魚是最有效率的獵手和生存者。鯊魚這個物種之所以能存活到現在，與鯊魚的獵食方式有很大的關係，移動迅速、靈活，具有攻擊性，而當危險出現時又能迅速撤離。鯊魚永遠對週遭環境保持高度警覺。它們的身體佈滿高度敏感的神經末梢，有利於輕易而高效地發覺並捕捉到獵物。它們能夠嗅出 4 公里以外鮮血的氣味。即便是在昏暗光線下，它們的視力依然出眾。鯊魚吻部四週充滿膠質的導管，能夠收集到所有生物發出的電脈衝。

鯊魚是其所生存領域的霸王。不論生存環境如何，鯊魚總是能夠很快地適應下來。在大自然漫長的進化過程中，鯊魚這一物種始終沒有被淘汰，而且隨需而變，保持了旺盛的生命力。

面對生產企業出現的各種問題，生產管理者需要做什麼呢？問題與生產管理者是什麼關係呢？生產管理者的職責就是解決問題，二者是相互依存的關係。

一家企業的生產部經理問老闆：「老闆，怎那麼多問題呀？舊的問題剛解決，新的問題立刻又冒了出來。要是沒有問題該多好啊！」

老闆說：「你想沒有問題是不是？那我給你講個故事：從前有個腰纏萬貫的商人生意失敗了，變得一文不名，妻離子散。

他傷心欲絕，來到河邊想了斷人生。一位禪師看到了，便上前制止。商人說他的問題多得一輩子都解決不了，不如一死了之。禪師把他帶到一片墓地，對他說：『只有躺在這裏的人，才沒有問題。』商人恍然大悟，重新鼓起了生活的勇氣，終於東山再起。」

道理很簡單，員工是為生產服務的，而主管是為解決問題服務的。如果有一天，生產企業中完全沒有問題了，那麼就不需要生產管理者了。作為生產管理者，如果不能夠解決問題，那麼你就不配拿這份薪資，也不配擔任這個職務。

雖然員工每天都在工作崗位上辛辛苦苦地工作，但他們每個月拿到的薪資卻比坐在辦公室的主管少很多。

終於有一天，一個膽大的員工向主管提出了這個問題：「為什麼我們那麼辛苦，你那麼輕鬆，而我們拿到的薪資卻遠遠不如你呢？」

主管只是淡淡一笑，然後對他說：「因為我能解決你解決不了的問題。」

問題出現在企業生產的每一個環節中，伴隨著企業發展的全過程。解決問題是生產管理者的重要使命，它可以幫助生產管理者擴大能力範圍，也能夠幫助生產管理者進步。那麼，面對這麼多伴隨著變化而來的問題，生產管理者到底應該怎麼辦呢？

最好的辦法是先將舊問題解決掉，這樣生產管理者就可以有精力去面對新問題。舉個簡單的例子，假如你所在的生產企業一個月出現一個問題，你當月就把這個問題解決了，那麼每個月你面臨的就只是一個問題。但是，如果你沒有把這個問題解決掉，讓問題不斷累積，一年以後，你每個月面臨的就是 12 個問題。這時候，你就會因為眾多的問題而焦頭爛額。

所以，生產管理者對待問題的態度不是不讓問題發生，而是問題出現一個就解決一個。這樣，生產管理者就可以將更多的精力用於解決新問題。

另外，當基層幹部將生產問題原封不動地告訴生產管理者時，生產管理者就要告訴他：「員工向你反映的問題，你至少要解決一部份，不能全部上交給我。如果將問題全部上交給我，你就沒有發揮任何作用，那還不如讓員工將問題直接告訴我。」

解決問題還是生產管理者實現個人價值的一種途徑。因為，人腦必須與問題結合才能實現其思考價值，如果沒有問題，人腦的思考能力就會退化，個人也就沒有辦法實現自我價值。從這個角度來說，問題是促使人們動腦的動力。

綜上所述，生產管理者的重要職責就是解決問題。對於生產管理者而言，問題不僅是成功的嚮導和催化劑，還是衡量個人價值的重要指標，問題甚至還能帶來一些好機會。所以，生產管理者要善於面對問題、解決問題。

2 生產部門常見的問題

許多企業普遍存在著這樣的問題：

生產計劃和指揮缺程序、不追蹤、少彙報、無總結，對現有的生產能力未測算，胸中無數；有計劃無調度，控制力度差；生產線上忙閑不均，有人門前工件堆成山，有人門前無活幹；有人不知道幹什麼，有人在窩工；有人幹得快，有人幹得慢；生產線上亂糟糟，卻不知如何解決。工作時間上，有時忙，有時閑；閒時東走西竄，忙時晝夜加班，很難均衡生產。生產前鬆後緊，秩序混亂，常常不能及時交貨！

有時臨時安排緊急訂單，全盤打亂計劉，只得採用拆東牆補西牆的辦法，有時甚至將南牆和北牆也拆了。

現場管理混亂，雜亂無章。現場沒有明顯的通道，每個工位旁邊在製品堆積，工件和工具擺放無序，廢棄物亂扔，垃圾遍地；安全隱患隨處可見，物料消耗沒有定額，購進的材料常常超過了需要量，倉庫堆積如山。

廠房佈局和設備佈局不合理。平面流程重覆、交叉、倒流時有發生，工件在做無效的長途旅行；或是擁擠不堪，或是運輸路線過長。

技術裝備和防錯措施不足，技術不能執行到位，隨意化現象嚴重；技術管理薄弱，紀律無人遵守，甚至在生產現場沒有圖紙和技術文件。

設備管理薄弱，設備維護差。生產一忙就拼設備，許多設備帶病運行；工人沒有維護設備的常識和習慣，甚至有人不知怎樣潤滑、油往那裏倒。

採購不及時。生產常常受制於供方，延遲交期卻又無可奈何，由於原材料品質得不到控制，導致產品品質下降。

品質控制不力。機構和職責不明確，缺乏責任追究制度；經常出現低級(不應該出)的品質事故，品質損失統計不出來，出了生產技術問題和品質問題，不知道從何入手解決。

……

繼續追查，還會發現：

上級精神和指示傳達不到位；工作缺檢查，少彙報；有佈置，沒總結，虎頭蛇尾；會議效率低下，議而不決，決而不行；

沒有建立科學的生產和工作流程，部門之間缺乏有效的溝通和控制機制。口頭指揮多，文字記錄少，縱向不能到底，橫向無法協調，各吹各的號，工作起來相互扯皮推諉，效率低下；

中層管理者管理意識淡薄，責任心差，管理技能少，執行力在高度、速度、力度上層層衰減；班組長和工廠主任的管理水準參差不齊，素質偏低，不會帶兵；

新產品開發進展緩慢，沒有明確的開發思路，技術力量和員工心態不能適應技術開發要求；或是新產品開發匆忙上馬，做出樣品就急忙批量生產，由於生產技術準備不足，埋下批量出品質問題的重大隱患。

有時候企業還會出現如下怪事：

人員越來越多、問題越來越多；廠房越來越大、效率越來越低；幹部越來越忙、上級越來越頭疼；制度越來越多、執行越來越難；設備越來越好、品質越來越差；成本越來越高、交貨越來越遲，員工越來越不滿！

3 做善於發現問題的生產部主管

在生產工廠中，當問題產生時，並不是每個人都能發現，只有那些具備問題意識的人才能發現問題。什麼是問題意識呢？

一、缺乏問題意識的表現狀況

問題意識其實就是一個人否定「現有狀態」的態度和改善「現有狀態」的意願，它和一個人是否想進步有關。因為，如果一個人想進步，他就會在「應有狀態」和「現有狀態」之間尋找差距。

問題可以是發現的，也可以是創造的。當「現有狀態」與「應有狀態」一致(似乎沒有問題)時，如果提升對「應有狀態」的期待，新的問題將立即產生。

只要有問題意識，就一定能找到「現有狀態」和「應有狀態」之間的差距，也一定能找到解決問題的方法。

在企業中，缺乏問題意識的表現有那些呢？缺乏問題意識的表現，包括以下幾個方面：

1. 重覆出現相同的問題

相同的問題發生了一次又一次，但員工卻沒有意識到這就是問題。

2. 慢性不良較多

當產品的品質不良率比較高時，雖然想降低品質不良率，但是難度較大，生產管理者就可以稱之為「慢性不良」。慢性不良主要針對一些找來找去找不到原因、只能維持原有狀態的問題。

與慢性不良對應的是急性不良，急性不良指那些被發現後，就可以立即解決的問題。急性不良相對比較好解決，慢性不良才是生產管理者最頭疼的問題。

3. 員工很少提出改善意見

在生產企業中，員工很少或者根本沒有針對工作、生產或者產品品質等方面提出改善意見，員工的工作總是處於一種很被動的狀態。用俗話說，就是「踢他一腳，他動一動；不踢他，他就不動」。或者是，當生產管理者在場的時候，員工就好好工作，生產管理者剛一轉身，員工就不好好工作了。

4. 「5S」工作表面化，不深入

「5S」是整理、整頓、清掃、清潔、素養這五個詞的縮寫。現在很多企業都在做「5S」，但是真正做好「5S」的企業卻少之又少。

企業如果把「5S」踏踏實實做好了，這企業就會很優秀。其實，這也符合「把簡單的事情做好就是不簡單」的道理。

企業缺乏問題意識還有一些其他的表現，如浪費多、異常情況經常被掩蓋、員工扯皮現象多、員工遇事愛找藉口、企業的執行力

較差，等等。

由於缺乏問題意識會導致企業經常發生問題，耽誤生產，生產管理者可以參考以上現象檢查一下自己的企業是否也存在這些問題。如果存在的話，那就說明企業的管理者和員工都需要提升問題意識。

二、具備問題意識才能發現問題

某些生產企業規定產品的不良率是 1%，有人認為這個比率對企業來說已經很合理了，不存在任何問題了。但是，有問題意識的人卻認為這個比率應該降到 0.5%才可以。那麼，怎樣將產品的不良率從 1%降到 0.5%呢？這就是問題。

對於我們個人也是如此。有人說，我一個月掙 30000 元就可以了，已經沒有問題了。可有人說，我一個月掙 50000 元還是有問題，那麼，怎樣提高個人能力，將薪資從 50000 元提高到 10 萬元呢？這也是問題。

問題只對具有問題意識的人才成為問題。所以，我們經常說「沒有問題就是最大的問題」。假如有一天，下屬告訴生產管理者說工作中沒有問題了，那麼，生產管理者就要考慮是否還讓他繼續留在企業。因為當下屬認為工作中沒有問題時，說明他已經不想再進步了。事實上，只要想不斷進步，問題是不可能沒有的。凡是能夠發現問題、找出問題、解決問題的人，就是願意進步的人。而那些發現不了問題的人，就是不願意進步的人。

結合生產企業產品不良率的案例，我們可以發現，如果工廠的產品現有不良率是 1%，但期待的不良率是 0.5%，二者之間那 0.5% 的差距就是問題。可見，有時候，問題是我們自己找出來的。

作為生產企業的管理者，一定要有否定現狀的態度，有改善現狀的意願，從而培養問題意識，不斷發現問題、解決問題。

三、生產管理者要有責任感

善於發現問題，除了要具備一定的專業知識和經驗外，最重要的就是責任感。一個有強烈責任感的生產管理者，往往擁有高度負責的精神、責無旁貸的工作意識和發現新問題、研究新情況的敏銳洞察力和辨別力。

在生產企業中，那些不找藉口、責任感強的生產管理者往往能步步高升，收入也能呈直線式上漲。因為責任感強的生產管理者，遇到事情時會從自身找原因，多方面尋找解決問題的方案。

當然，認真負責必須從生產管理者自身做起。如果企業裏的員工遇事總喜歡找藉口，那麼，生產管理者就需要檢討一下自己，這些凡事找藉口的習慣是否是自己教的。

一隻大螃蟹與一隻小螃蟹正在爬行，那隻大螃蟹問小螃蟹：「你怎麼橫著走？」

小螃蟹回答：「爸爸，你不是也橫著走嗎？再說你又沒教我該怎麼走。」

大螃蟹為小螃蟹樹立了壞榜樣。因為大螃蟹只告訴小螃蟹不要橫著走，卻沒有教小螃蟹到底應該怎麼走，所以，小螃蟹只能模仿大螃蟹橫著走了。對於生產管理者來說，道理也是一樣。你要員工負責任，但是如果自己都不負責任，員工也會跟著你不負責任。

一個沒有責任感的人能夠發現問題、解決問題嗎？答案顯然是否定的。只有具備了責任意識，大家才能真正對工作認真負責，也才能發現問題、解決問題。

因此，生產管理者要樹立起負責任的好榜樣，營造良好的企業氣氛，遇到事情的時候不要自己先找藉口。

4 生產問題的分類

將生產問題分類，最常見的兩種方法是依掌握問題差距分類法，和按問題所在層次分類法。

一、依問題差距的分類法

依掌握問題差距分類法，即按照問題發生的輕重緩急程度，將問題分為預測類問題、發現類問題和「救火」類問題。

表 4-1　三類問題與「現有狀態」和「應有狀態」的關係

問題類型	現有狀態	應有狀態
預測類問題	預測將來可能發生的情況	做好預測和防範
發現類問題	發現當前剛剛產生的問題	及時發現，及時解決
「救火」類問題	目前已經發生的問題	解決這些問題

預測類問題是指預知一些可能發生的問題，並及時採取各種措施，將問題扼殺在萌芽狀態。如預測企業 3 年後在經營方面會存在那些問題，如果目前能夠防範，就可以在現階段有所側重並解決。此類問題重在計劃，事先預計。

發現類問題是指在問題發生過程中，及時發現和解決的問題，以防止問題擴大。如若不提高生產效率，降低勞力時間，產品價格不能降低的話，產品的競爭力就會下降。所以，現階段企業的主要問題就是透過提高生產效率降低產品價格。此類問題要及時檢查，及時解決。

「救火」類問題是指已經發生的、看得見的問題，需要立即解決。如員工受傷、企業停產等。此類問題難已挽救，儘量避免。下表結合這三類問題，描繪出不同問題的「應有狀態」和「現有狀態」，生產管理者可以把握二者的差距，並尋找從「現有狀態」發展到「應有狀態」所存在的問題。

從事生產管理工作之後，作為一名生產管理者，到底是應該多重視預測類問題、發現類問題，還是應該多重視「救火」類問題？

1. 要重點關注在 <預測類問題> 和 <發現類問題>

大家都知道，解決問題的一個辦法，就是儘量不讓問題發生，或是在問題剛剛發生的時候就將它解決掉，這對應生產管理中的預測類問題和發現類問題。所以，生產管理者應將重點放在預測類問題和發現類問題上。結合「救火」類問題的性質，很多「救火」類問題都屬於已經發生且難以挽救的問題，而且還有一些「救火」類問題，在問題發生後確實是沒有辦法挽救的。

很多「救火」類問題發生以後，確實是沒有解決方案的，就像方程式無解一樣，造成的損失也無法挽回了，只能在以後儘量避免這類問題發生。而當生產管理者能多發現和解決預測類問題及發現類問題時，「救火」類問題自然會減少很多。

因此，生產管理者不能把精力全部放在「救火」類問題上，而應該多花一些時間和精力在預測類問題和發現類問題上，如此，「救火」類問題會少很多。

當然，在解決問題時，並不是每一個問題剛剛萌芽就可以被解決掉。如果有十個問題，生產管理者接連把七八個問題在預測或發現階段就解決了，那麼，剩下的兩三個問題縱然演變成「救火」類問題，處理起來相對會比較簡單。但是，如果這十個問題，生產管理者在預測或發現階段沒有做任何處理，等到問題全面爆發後，生產管理者就會疲於奔命。很多企業的生產管理者就是這樣，整天因為各種各樣的問題忙得團團轉。

2. PDCA 管理的重點在 P 和 C

PDCA 循環是全面品質管理所應遵循的科學程序。P 指 Plan，計劃；D 指 Do，實施；C 指 Check，檢查；A 指 Action，行動。全面品質管理活動的全部過程就是品質計劃的制訂和組織實現過程，生產管理也是按照 PDCA 循環，週而復始地運轉。

P(計劃)：作為一名生產管理者，首先要做好計劃。計劃是指生產管理者要預料做某件事將會產生什麼問題以及怎樣預防這些問題。簡而言之，所謂「計劃」就是儘量去預測問題。

D(實施)：計劃制訂好了，要讓員工去實施。

C(檢查)：當員工在實施計劃的時候，生產管理者需要檢查。透過檢查，生產管理者可以發現一些問題，這些被發現的問題就屬於發現類問題。

A(行動)：檢查出問題後，讓員工去解決。

PDCA 循環說明，做好了提前預測和發現問題的工作，生產管理者就能及時解決問題，也就能在一定程度上避免「失火、救火」類問題的產生。

在尋找預測類問題時，生產管理者要想到那些地方可能會出問題，這也跟發現類問題聯繫在一起了。當尋找發現類問題時，生產管理者還可以直接檢查那些需要預防的地方。

二、按問題所在層次的分類法

按問題所在層次加以分類，即按照問題所在的層次，將問題分為操作層問題、管理層問題和結構層問題。

表 4-2 按問題所在層次分類

類別	產生原因	差距
操作層問題	基於對現實差距的認識	現狀與通常水準之間的差距
管理層問題	基於對目標更高的期待	現狀與期待水準之間的差距
結構層問題	基於謀求重大突破	現狀與理想水準之間的差距

1. 忽視操作層問題，後果很嚴重

操作層問題源於現狀與通常水準之間的差距，或者是基於對現實差距的認識而產生的一類問題。

在生產實踐中，儘管每個企業都會制定很多標準和制度，但員工並不能總是百分之百執行到位。當員工沒有完全按照標準和制度

執行時，企業的生產就容易發生問題，這一類問題即操作層問題。

以工廠生產產品的不良率是 1%為例，如果員工完全按照操作標準執行，對企業而言，1%的不良率是可控制的，也能保持比較穩定的狀態。但是，如果某個員工出現操作失誤，那麼，就有可能會突破原來 1%的不良率，不良率可能會上升到 1.5%甚至 2%，這種問題就屬於操作層問題。

有一年，某水電站發生了一起重大的工業安全事故：有一個發電機組發生了爆炸。

經查明，發電機組發生爆炸的原因在於三名員工同時違規操作。實際上，當時該水電站的安全措施是很完善的，如果員工都按照標準操作就絕對不會出問題，但這三名員工認為三人同時出錯的幾率就像中樂透大獎一樣，幾乎不可能發生。

正因為這樣，三人都認為自己出錯了沒關係，只要其他人不出錯就行。結果，三人同時出錯，導致了這起安全事故。

2. 管理層問題，管理者的職責所在

管理層問題就是要提高的問題。假如現在員工都按照標準和規定操作，那麼企業就能維持 1%的不良率。但是，如果生產管理者希望將不良率控制在 0.5%以內，那麼應該如何實現這個目標呢？這就屬於管理層問題。

管理層問題還包括企業的成本問題，以電腦的滑鼠設備成本為例，假如一個滑鼠的生產成本是 28 元，市場上同類滑鼠的價格是 30 元，企業有 2 元錢可賺。但是，假如日後滑鼠的價格下降到 25 元，企業要如何將它的生產成本從 28 元降到 25 元甚至更低呢？降低成本就是管理層必須解決的問題。

作為一名生產管理者，在負責一個工廠的生產管理時，首先要把操作層問題儘量解決完，然後再去解決管理層問題。

解決操作層問題與管理層問題是每一名生產管理者的永恆任務，也是其管理職責中一項非常重要的職責，是生產管理者無法推卸的責任。

5 「5個為什麼」分析法，找出生產問題

一、為什麼分析法

5Why 分析法，即針對一個問題點連問五個「為什麼」，以找準問題發生的真正原因。

雖然該分析法是連問五個「為什麼」，但在使用時，並不限定只做五次「為什麼」的探討，有時生產管理者可能需要問三次「為什麼」，有時可能需要問十次「為什麼」，不管問幾次「為什麼」，最終目的都是為了找準問題的根本原因。豐田汽車公司就有一個故事：

•「為什麼鐵屑會灑在地上？」

「因為地面有點滑，不安全。」

•「為什麼地面會滑，不安全呢？」

「因為那裏有油漬。」

·「為什麼會有油漬？」

「因為機器在滴油。」

·「為什麼機器會滴油？」

「因為油從連接器中洩漏出來了。」

·「為什麼油會洩漏呢？」

「因為連接器內的橡膠油封已經被磨損了。」

問題結束了嗎？答案是沒有。為什麼橡膠油封剛剛安裝上不到一個星期就被磨損了呢？因為採購部採購的橡膠墊圈品質不好，那麼，問題的最終原因也就查出來了。既然檢查出這個原因了，就需要徹底解決這個問題，生產管理者可以責令採購部購買品質好的橡膠墊圈。到這一步，這個問題才徹底得到解決了。

生產管理者如果想發現問題和解決問題，就必須掌握發現生產問題的金科玉律——刨根究底，找對問題的根本原因。

在連問「為什麼」的過程中，如果中間任何一個環節停下來，就不可能找到問題的根本原因，問題還會再發生。這就需要掌握找問題的方法——刨根究底，連問「為什麼」，最終找到導致問題發生的根本原因。例如，企業的設備停機了，你就可以連問：為什麼停機了，是因為機器超載還是因為保險絲被燒了？如果是因為機器超載，那為什麼機器會超載，是因為軸承潤滑不夠嗎？為什麼軸承潤滑不夠，是因為機油泵沒抽足夠的油嗎？為什麼機油泵抽油不夠呢，是因為泵體軸磨損嗎？為什麼泵體軸會磨損呢，是因為金屬屑被吸入泵中了嗎？為什麼金屬屑被吸入泵中了呢，是因為吸油泵沒有篩檢程式嗎？如此一問接著一問找原因，相信很快就能找到問題的根本原因。

當問題發生時，生產管理者要立即趕到現場、檢查現場並採取措施。這些每一名生產管理者都能做到，但需要注意的是，很多生產管理者在問題得到解決以後，並沒有尋找問題產生的根本原因就離開了現場。等下一次類似的問題再發生時，他們就會重覆同樣的動作。

正是因為生產管理者沒有將問題發生的根本原因找出來，沒有將問題的「根」刨出來，所以同樣的問題還會一而再、再而三地發生。

二、要鼓勵員工說出真相

在企業內部還存在這樣一種現象：有時生產管理者也想刨根究底找出問題的真相，但就是刨不出真相，因為員工不說出真相。

鄒忌身高八尺多(約相當於 1.84 米)，形體、容貌超群。

一天早晨，鄒忌穿戴好衣帽，照著鏡子，對他的妻子說：「我同城北徐公比，誰漂亮？」

他的妻子說：「您漂亮極了，徐公那裏比得上您呢！」

城北的徐公是齊國的美男子。鄒忌不相信自己會比徐公漂亮，於是又問他的妾：「我同徐公比，誰漂亮？」

妾說：「徐公怎麼能比得上您呢！」

第二天，有客人從外面來，鄒忌同他坐著閒聊，鄒忌又問他：「我同徐公比，誰漂亮？」

客人說：「徐公不如您漂亮。」

又過了一天，徐公來了，鄒忌仔細地打量他，自己覺得不如徐公漂亮；再照鏡子看看自己，覺得自己遠遠不如徐公漂亮。晚上，鄒忌躺著想這件事：「我的妻子認為我漂亮，是偏愛我；妾認為我漂亮，是害怕我；客人認為我漂亮，是有求於我。」

鄒忌的妻、妾和客異口同聲地認為他比徐公漂亮，都是出自各自特殊的原因，沒有說出真實的情況，沒有進行正確的評價。

企業裏非常常見，如果員工不說出真相，生產管理者就可能找不到原因。員工為什麼不說出真相呢？主要是擔心被罰。如果說出了真相，他很可能會受到學校的處分。

工廠經常要在實驗室要做實驗。化學實驗台是一個水泥台，兩面靠牆，露出的三面鋪了瓷磚。

有一次，兩個人在做實驗時，其中一個人不小心把一瓶溶液碰倒在化學實驗台上。由於牆邊剛好有一個插座，插座碰到溶液後，發生了短路，整棟樓的電線都被燒掉了。

當人們在追查原因時，就說：「不能出賣我，要幫我保密。」

當時，工程師試圖找到問題發生的原因，也在問「為什麼」，一個一個「為什麼」不斷地刨，可刨來刨去都沒有找到原因。

所以，當生產管理者在尋找問題的原因時，一定要記住一件事：尋找問題真相的重要性要遠遠重於處罰員工。生產管理者要鼓勵員工說真話，而員工不說真話也與生產管理者的方法不對有關。許多生產管理者對員工發揮同樣的作用，誰說真話就批評責備誰，這種行為也是在逼著員工說假話。

如果企業不改變這種做法，員工永遠不會說真話，很多問題也永遠都刨不出「根」。所以，生產管理者一定要改變這種做法，對那些承認錯誤、肯講真話的員工，即便他們真的做錯了，生產管理者也應該不處罰，或者從輕處罰。這樣的話，員工都會講真話，問題就不會被掩蓋，以後問題就會減少。

企業做生產管理時，對員工作這樣一項規定：員工出現了失誤，即使給企業造成了損失也沒關係，只要員工願意一起把導致問題的原因找出來，並保證以後類似問題不再發生就可以了。

員工做錯了事情是該處罰，但是，如果員工幫助企業找到了原因，也該獎勵，從而獎罰相抵。如果員工找到了比較嚴重問題的原因，並對企業未來的發展幫助很大時，還會給予員工適當的獎勵。

企業的制度與員工是否發現問題的關係很大。一個好的制度能讓壞人變好人，懶人變勤快人，不動腦筋的人變動腦筋的人；一個不好的制度能讓好人變壞人，勤快人變懶人，愛動腦筋的人變不愛動腦筋的人。

心得欄

6 「三不」分析法發現生產問題

發現生產問題還有兩種方法:「三不」法和「5W2H」分析法。如果生產管理者能夠同時掌握這些方法，並真正教會員工，使他們懂得如何使用這些方法，那麼，員工在工作中發現問題、解決問題的能力就能得到提高。

所謂「三不」法，即「3U」，Unreasonable(不合理)、Uneven(不均衡)和 Uselessness(浪費)。因為「浪費」的英文單詞含有否定意義，都是一個否定詞，稱為「三不」法。

在生產實踐過程中，員工可以結合下面的「三不」法檢查表發現生產問題。

表 6-1 「三不」法檢查表

不合理	人力、技術、方法、時間、設備、工具、材料、產量、存貨、地點、思考方式
不均衡	人力、技術、方法、時間、設備、工具、材料、產量、存貨、地點、思考方式
不節約	人力、技術、方法、時間、設備、工具、材料、產量、存貨、地點、思考方式

生產管理者要讓員工結合「三不」法檢查表，檢查生產過程中是否存在不合理的地方，如人力有沒有不合理的地方、技術有沒有

不合理的地方、時間有沒有不合理的地方、設備有沒有不合理的地方，等等，讓員工嚴格按照檢查表中的項目逐項去尋找不合理的地方。只要存在不合理的地方，就有可能會產生問題。

一、不合理

生產管理者要讓員工做提案改善。當員工想找問題卻找不到的時候，生產管理者就可以讓他們觀察有沒有那個地方存在不合理，凡是不合理的地方就容易產生問題。下面筆者以設備不合理和人力不合理為例說明問題。

⑴解決設備不合理的問題

企業做「5S」時，如果某件設備沒有放在合理的位置上，員工為了取這件設備每次都需要走很遠的路，這不僅浪費時間，也會讓大家覺得物品放置得不太合理。如果將設備放在員工可以輕易拿到的地方，就會顯得更合理一些。

⑵解決人力不合理的問題

對於生產企業而言，人力合理化非常重要。很多企業在人力安排方面存在不合理的現象，不能人盡其用，直接導致員工工作效率低下，也導致他們的收入不高。

在企業做管理時，筆者有一個很深刻的體會：當員工不珍惜他的工作時，他就不會在乎企業的任何管理方法，他所抱的態度就是「想辭掉我就辭掉吧，這麼少的薪資，我本來就不想幹了」。

那麼，如何才能提高員工的薪資待遇呢？這就需要做到人力安排合理化。例如，儘量讓一名員工做兩名員工的工作。

很多人都認為讓一名員工做兩名員工的工作不可能。其實，實際情況是一定能，但是需要建立在一個前提之上，就是要讓員工獲得更多的報酬。例如你是一個部門的主管，管理 10 名員工。如果有一名員工離職了，你就可以同留下來的 9 名員工商量：「各位，我把離職員工的工作分給大家做，企業不再招人了，大家同意嗎？」聽到你這樣說，那些員工的臉色必定很難看，但你可以接著說：「別急，我還沒說完，他的薪資也分給大家，大家看這樣行嗎？」這 9 名員工一定說好。於是，9 名員工就做了 10 名員工的事情。再過一段時間，部門員工逐漸減少，最後可能變成 5 名員工做 10 名員工的工作。

為什麼很多企業做不到讓一名員工做兩名員工的工作呢？關鍵原因在於老闆的態度。如果所管的部門少了一名員工，老闆就會說：「謝謝你，經理，幫我節約了一個人的成本，你把節省下的錢全部拿走吧。」

第二次，等部門又少了一名員工時，老闆就會說：「下面員工說工作忙不過來，還是增加員工吧。」因此說，在人力合理化方面，老闆很關鍵。

現在很多企業把一個部門的薪資固定化了，就是這個部門要做多少工作，老闆就給多少錢；至於找多少人來做，就由生產管理者自己決定。這時，生產管理者就可以將人力安排得最合理，從而提高生產效率。

合理化是提高生產效率的重要方法。除了設備和人力合理化外，還存在著技術、方法、工具、時間等方面的合理化。提高生產率的合理化方法見圖 6-1 所示。

圖 6-1　提高生產率的合理化方法

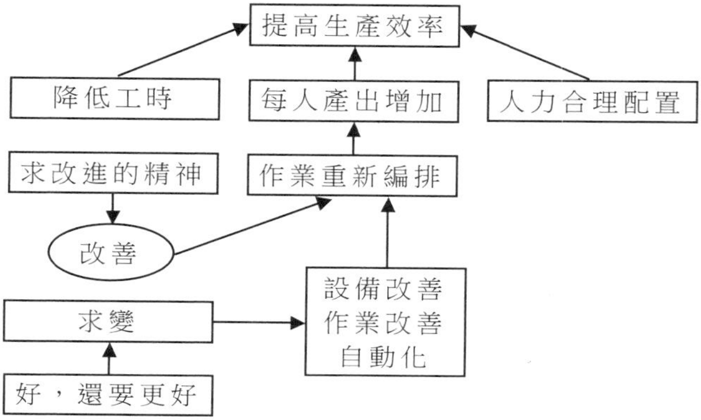

二、不平衡

企業內部物流是否平衡關係著企業的發展。「物流」這個概念在當下有被濫用之嫌，很多運輸公司的小老闆都把自己的公司標榜成物流公司。如果有人問他是做什麼工作的，他會回答說是做物流的，其實他們僅僅就是跑運輸而已。

圖 6-2　企業內部的物流

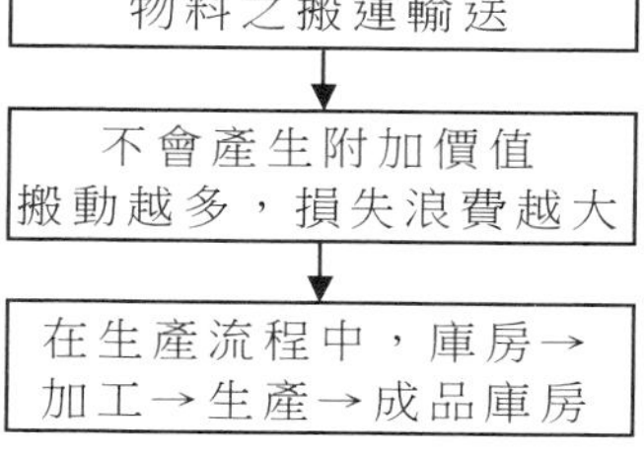

企業內部的物流不是運輸，而是企業所有的物資從採購到放入倉庫，再到一步步變成成品流通的過程。整個過程中，物品的流動就是企業內部的物流。

企業內部的物流有兩種形式：一種像自然界的河流，有的地方很寬，有的地方很窄，水流不均衡；還有一種像人工開挖的水渠，到處都是一樣的寬度，水流很均衡。

那麼，那一種物流更適合企業呢？企業當然需要水流均衡的物流。凡是流動不均衡的地方就會出現問題，這也是生產管理者要尋找的瓶頸。

例如，生產線上每名員工都有分工，有沒有可能讓員工的速度一樣快呢？當然，這個的可能性很小。因為有的員工速度快，有的員工速度慢，速度慢的地方就是制約瓶頸。如果生產管理者發現每次都是同一個地方速度慢，就要集中精力觀察能不能將這個工位的速度提快一些；一旦這個工位加快了速度，不均衡的問題就解決了。

三、不節約

生產管理者不僅可以從企業內部物流的不均衡發現很多問題，也可以從企業內部的浪費情況發現很多問題。對企業而言，凡是不能增加產品價值的行為統統都屬於浪費行為。

生產管理者可以從以下幾個方面檢查企業是否存在浪費行為：

(1)搬運帶來浪費

搬運次數太多不能增加產品的價值。很多時候，搬運帶來的是成本的增加和無謂的體力耗費。生產管理者可以查看一下工廠設備的放置是否合理，以減少對設備的搬運。

解決這一問題的最簡單方法是繪製一幅生產工廠的平面圖。如何繪製這一幅平面圖呢？

首先，按照一定的比例將平面圖繪製出來。然後，把工廠裏的所有物品也按照一定的比例用硬紙片剪成正方形、圓形、長方形等形狀。接下來，對這些硬紙片進行排列組合，一直擺到你認為合理為止。最後，拿膠水把它們固定好，這就是生產現場最合適的設備放置圖。圖繪製出來以後，將可以立即挪動的設備、物品馬上按照圖示的位置挪動，暫不能挪動的可以等以後機會合適時再挪動。透過合理擺放設備，企業就可以減少搬運造成的浪費。

作為生產管理者，你一定要對生產現場的設備、物品、工作台等的擺放位置做到心中有數。位置擺放合適了，搬運的距離就會減少，因為搬運不但會造成人工浪費，還有物品損壞等，所以應當儘量避免或減少對設備等的搬運。

生產部經理申請要購買堆高車，上級不同意。

他說：「副總，沒必要這樣節約成本吧？」

副總說：「我不是要節約成本，假如我批准你購買堆高車，員工沒事幹時，就把東西叉來叉去，這多浪費時間啊！」

他說：「如果不購買堆高車的話，員工就要自己搬運東西。」

副總告訴他：「那就想辦法不讓員工搬。」

沒有堆高車，生產部經理不得不想其他搬運的辦法，最後他還真想出了解決辦法。

利用工具搬運物品是很輕鬆，但是太依賴現代化搬運工具未必是件好事，因為購買堆高車需要成本，開堆高車的人也需要支付薪資。生產部經理說沒有搬運工具沒法工作，就告訴他想辦法，最後他就回去想辦法。當然，這種方法並不適用於每個企業，只是說搬運可能產生很大的浪費，生產管理者要想辦法減少在搬運上產生的浪費。

⑵品質檢驗帶來浪費

重覆的品質檢驗能不能增加產品的價值呢？例如某品牌滑鼠的生產者看到別人的滑鼠賣 30 元，自己就標價 35 元，並附帶一個說明：別人的滑鼠只檢驗了一次，我的滑鼠檢驗了 30 次，所以我要賣 35 元。實際上，當標價 30 元的時候，可能都沒有人願意買，更何況說標價 35 元呢，那重覆檢驗那麼多次有什麼意義呢？如果是產品的品質很差，必須檢查很多次才能過關，就說明產品的生產過程存在問題，生產管理者需要將重點放在控制產品品質上。

⑶其他原因造成的浪費

產品在生產過程中還有很多浪費現象需要生產管理者發現和解決。例如，動作可能造成浪費，員工在操作時存在三種動作：第一種動作是「正動作」，即有用的動作；第二種動作是「零動作」，即沒用的動作；第三種動作是「負動作」，即反作用的動作。

如果員工能夠把「零動作」、「負動作」去掉，員工的速度就會快很多。生產管理者可以觀察一下，操作速度最快的員工與最慢的員工速度會相差多少，據筆者觀察，二者一般都有一兩倍的差距，甚至是三倍。動作最快的員工除了他本身手腳比較麻利外，最關鍵的原因在於他的動作比較正確，「零動作」和「負動作」比較少。

管理也會產生浪費。管理的浪費是指在問題發生後，管理人員事後想辦法補救造成的浪費。科學的管理是事先有預見、有規劃，在事情推進過程中有管理控制。

另外，庫存太多也是一種浪費。庫存太多會導致企業利息負擔增加，產品貶值風險也隨之增加，有時考慮太多也是一種浪費，因為有的問題不用想得很複雜，想得太複雜了就會浪費時間和精力。

當生產管理者把文件交給其他一些部門處理，文件卻遲遲沒有得到回饋時，就要思考發生這類問題的原因。原因有可能是因為文件處理沒有標準化，那麼，要怎樣對文件進行標準化呢？企業內部經常出現這樣一種現象，即生產現場標準化做得很好，但其他部門標準化做得不好。為了解決這一問題，企業就可以借鑑 ISO 9000 標準中的一個框架程序。

這個框架程序是這樣操作的：一件事情從 A 部門交到 B 部門後，規定好 B 部門處理需要多少時間；再交到 C 部門後，也規定好 C 部門處理需要多少時間，最後應在何時返回 A 部門。

生產部是在接到客戶訂單後，按照訂單要求進行生產的。但是，企業在接到訂單後，訂單往往會先在銷售部拖半天，然後在計劃部又拖半天，最後下發到生產部時，上級就說這個訂單要得很急，幾天內就必須生產出來。如果前兩個部門能夠當天就把訂單交給生產部，生產部生產產品的時間是不是就可以寬鬆一些呢？

後來，企業就規定：凡是銷售部接到的訂單，必須在 20 分鐘之內確認訂單內容是否準確，確認無誤後就把訂單交給計劃部。計劃部接到訂單後，也必須在 20 分鐘之內針對該訂單製作出詳細的物料計劃、採購計劃和生產計劃，然後將訂單連同計劃下發到生產部。

這樣，從客戶下訂單到生產部接到訂單的時間都得到了標準化，而且不受上下班時間制約，因為生產部是三班倒的，任何時間都可以進行生產。對於其他部門也是如此，不管晚上有沒有人值班，即使是零點接到的訂單，淩晨一點鐘以前也要製作出詳細的物料計劃、採購計劃和生產計劃，然後下發到生產部，這就是文書處理的標準化過程。

7 「5W2H」分析法找出問題點

「5W2H」分析法是生產管理者比較常用的一種方法。生產管理者在試圖發現問題時，可以從人員（Who）、事情（What）、地點（Where）、時間（When）、理由（Why）、如何（How）和多少（How much）等七方面分析問題。

日本豐田公司的設計師仔細檢查了鑲嵌在大多數車裏的門把手，透過與供應商的緊密合作，他們成功地把製作這種把手的零件由 34 個降為 5 個，成本減少了 40%。他們稱這個過程為「擰乾毛巾上的最後一滴水」。

無論對待何種工作、工序、動作、佈局、時間、地點等，都可以運用取消、合併、改變和簡化四種技巧進行分析，形成一個新的人、物、場所結合的新概念和新方法。

圖 7-1　四種技巧分析圖

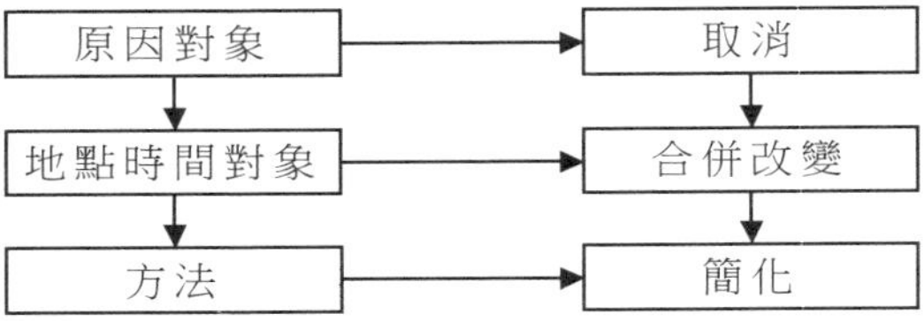

隨著科技的發展，人機關係往往是由複雜到簡單。重體力勞動往往交由機器去完成。例如，蓋大樓澆鑄水泥，過去是非常繁重的勞動。現在只要一個電話，要求水泥公司什麼時候把水泥車運到現場，水泥公司就會派人開著水泥車準時趕到，而且一路上利用行車的時間，早已將水泥攪拌好了。到現場，接上水泥泵，一通電閘，就可以將水泥輕輕鬆鬆送上樓頂。

要不斷進行技術革新和管理革新，將繁重覆雜的操作和工序變得簡單、易行。

為了方便生產管理者使用這一方法，製作一張「5W2H」檢查表。

表 7-1 「5W2H」檢查表

Who（人員）	誰做的？誰正在做？該誰做？還有誰能做？還有誰該做？誰正在做「3U」？
What（事情）	要做什麼？已經做了什麼？應該完成什麼？還能做什麼？還該做什麼？產生了那些「3U」？
Where（地點）	要在那裏做？在那裏完成的？該在那裏完成？還可以在那裏做？還該在那裏做？那裏產生了「3U」？
When（時間）	什麼時候做？什麼時候完成？該在什麼時候完成？還該在什麼時候完成？為什麼在那個時候做？時間上有任何「3U」嗎？
Why（理由）	為什麼是他做？為什麼要做？為什麼在那裏做？為什麼那樣做？在思考上有任何「3U」嗎？
How（如何）	要如何做？是如何完成的？該如何完成？這套方法可用在別的地方嗎？還有別的方法嗎？
How much（多少）	成本多少？費用產出如何？數量如何？品質水準如何？銷售多少？

內燃機的曲軸最初是鑄造的，一個曲軸好幾十噸，鑄造的時候廢品率非常高。因為傳統的製造方法是在模具上留一個口，從上邊往裏倒鋼水。這樣鑄造曲軸，氣孔、沙眼會很多，而曲軸的關鍵部位是不允許有氣孔的，一有氣孔就會整個報廢，因此曲軸的成品率只有 30%。

後來人們想到，可以反過來做。將鋼水從下往上注入，這樣氣孔、沙眼等就有充分的時間被壓排出去，曲軸的成品率一下子提高到 70%以上，解決了廢品率高的難題。後果人們進一步發現可以用鍛鋼的辦法製造曲軸，於是曲軸的品質又得到了進一步的提高。

可見，技術改進永遠沒有止境，換一種方法也許會取得更好的效果。

瞭解了「5W2H」分析法，我們再來看看該方法中最重要的部份——人員。

一些很重要的工作就只有一名員工會做，這種情況在民營企業裏非常普遍。其實，這就是一個很大的問題。

企業有項非常重要的技術工作，培訓這種技術人才要花很多時間。這技術工作只有張三會做，除了他以外，還有誰會做呢？查看了相關人員，才發現沒有人會做了，這就是一個很嚴重的問題。

因為若張三以此跟企業談條件。如果他要求漲薪資，企業就必須給他漲，否則他就要辭職。如果這次滿足了他，等他下次又要求漲薪資時，企業還要不要給他漲薪資呢？這就是一個很大的問題。

那麼，如何解決這個問題呢？在企業裏推行代理人制度就可以解決。代理人制度指企業不能把所有重點工作都放在一個人身上，而是要為每名員工尋找一個代理人，在員工臨時有事情不在企業時，代理人完全能夠代替這名員工工作。

企業的老闆就有代理人，連老闆都可以設置代理人，誰不能有代理人呢？既然設置了代理人，你就要教會他做你的工作，這個代理人可以是你的上司，也可以是你的部下，甚至可以是你的同事。有了代理人，人員的問題就解決了。

員工仍是想不通了，員工說：「為什麼要給我找代理人，分明是不相信我。」

問這名員工：「你為什麼不願意找代理人呢？」

他說：「明明是老闆不相信我，我做得好好的，為什麼要找代理人呢？」

我說：「好，你是不想找，對不對？」

他說：「不想找！」

我說：「不找也可以，我還有第二個方案。」

他問：「什麼方案？」

我告訴他：「只要你肯與老闆簽一份合約，以後就不用找代理人了。合約的第一條，任何時候你都不能請假。你生病時也要來上班，即使爬也得來上班，你不來的話就影響企業效益。第二條，你永遠不許辭職。第三條，即使你的家人病重，老婆要生產，你都不能請假回去。你把這份合約簽了，我就跟老闆說不需要給你找代理人了。」

這名員工聽後，想了半天，冒出一句：「你的意思是說找個代理人對我也有好處哦。」

找代理人到底對員工有沒有好處呢？當然有，沒有代理人，員工說要請假，生產管理者是准假還是不准假呢？如果不准假，員工就認為企業沒有人性；一旦准了假，企業的生產進度就會被耽誤了。

當然，人員的問題還有很多，例如，是不是這名員工做最合適、是不是換一名員工做會更好，等等，這些都是生產管理者要考慮的問題。除了人員的問題外，在做任何一件事情(What)時，生產管理者還要考慮在那個地方做(Where)、什麼時間做(When)、為什麼要做這件事情(Why)、如何做這件事(How)以及需要花費多少(How much)等，但很多企業不事先研究這些問題，就糊裏糊塗去執行，結果做了半天才發現白做了。所以，生產管理者一定要分析清楚

「5W2H」這七個方面。如果確定要做，就要想想還能不能找到更快、更好的方法。

日本有個造船廠，由於船塢行業的傳統製造技術週期長、造價高，工人們在船塢裏將船生產出來一般要一年以上，浩大工程，耗費不菲，正當這家企業面臨倒閉的困境時，董事長聘來了一個「外行」專家，他來到這裏，提出來一連串的「外行」問題：輪船一定要在船塢中造嗎？能不能換個地方造？……這些問題被當時的工人認為他是個白癡外行，不懂行業狀況。但是由於他的堅持，在別的地方把船的各個大的零件組裝好以後，運到船塢進行總裝，只用了短短三個月的時間就把輪船造出來了。讓大家嘆服稱頌，只是變換一下思維，這個企業很快就扭虧為盈了。

心得欄

8 TPM 分析法發現生產問題

TPM(Total Productive Maintenance)中文意思為全面生產維護，是一種以設備為中心展開效率化改善的製造管理技術，與全面品質管理(Total Quality Management)、精益生產(Lean Production)並稱為「世界級三大製造管理技術」。

PM 分析法指在 TPM 活動中，逐步形成的一種最常見的分析問題的方法。所謂 PM 分析法，是指 Phenomenon、Physical、Mechanism、Man、Machine、Material 及 Method 這幾個英文單詞的首字母，它強調分析問題時要從現象入手，並遵循現場、現物、現實的「三現」原則，然後研究問題發生的根本原因。在員工願意配合的情況下，生產管理者該如何使用這個方法呢？

在實際的工業生產中，PM 分析法經常和「5Why」分析法結合起來使用，即生產管理者在用 PM 分析法分析問題時，要多問幾個「為什麼」。

P：Phenomenon(現象)

P：Physical(物理)

M：Mechanism(機制或機理)

M：Man(人員)

M：Machine(設備)

M：Material(材料)

M：Method(方法)

W：Why(為什麼)

1. 明確問題現象

Phenomenon(現象)，現象的明確化。現象是指問題的表像，或者說是所發生問題最直觀的客觀存在。如生產線停了，設備壞了，產品出現品質問題了，等等。現象的明確化就是要正確認識所發生的現象，在對現象產生的方式、狀態、發生的位置、不同品種時的情況是否有別等進行有效把握的前提下進行的下一步工作。

正確認識問題表像是解決問題的先決條件。生產管理者一定要研究一下，在問題表像下，到底有沒有更深層的原因，例如說生產線停了、產品出現不良情況了、設備壞了的原因究竟是什麼，而不要只看到表面現象。設備壞了就要想到可能是因為平時沒有對設備做好保養，有些機器零件規定每隔一天或者每隔三天上一次油，偶爾一次沒上油，設備也許不會停。但是如果連續幾次都沒上油，設備一直在乾磨，磨到一定程度時就會出問題。一旦發現設備停了，生產管理者就要透過這個現象想一想是不是平時沒有保養或者沒有按照規定保養，即透過現象看本質。

2. 對現象進行物理分析

Physical(物理)，這裏指對現象用物理或化學等探究原理進行剖析。

任何問題都不會無緣無故發生，都有其物理或化學背景。對現象進行物理剖析指用物理或化學等方法對現象本身進行剖析，從而把握問題的真實情況，應該說，任何一個現象都可以用該方法進行說明。

當生產管理者對現象發生的方式、狀態、位置進行全面把握後，就需要作物理或化學方面的解釋。

Mechanism（機制或機理），生產管理者必須從機制或機理的基點出發，就是說，在解決問題時，必須從物理或者化學角度認識問題，根據科學原理、法則探討現象存在的條件，從而找出與存在現象相關的所有條件。

生產管理者可先從表面檢討，用物理角度分析，然後再從化學角度進行深層次探討，最後分析問題發生的機制或機理，弄清楚問題與現象的關係。換句話說，就是從表層到深層分析的過程。

3. 研究現象與人員、機器、材料和方法之間的關係

所有的加工或工作過程都涉及許多因素，但這些因素不外乎 Man（人員）、Machine（設備）、Material（材料）和 Method（方法）四個方面。只要找出現象與這四方面之間的關係，問題的解決也就變得相對簡單。

所以，在研究問題發生的原因時，生產管理者需要瞭解問題與人員有什麼關係、與設備有什麼關係、與材料有什麼關係以及與方法有什麼關係，弄清楚到底是人員還是機器設備、材料或者方法，抑或是其中兩個或兩個以上的原因造成的。

這種分類、分層次討論的方法是生產企業最常用的一種方法，也是生產管理者應該教給員工的方法，即告訴他們要考慮那些方向、設備要考慮那些地方、材料要考慮用在那些位置以及方法要考慮怎麼用，等等。

4. 多問幾個「為什麼」

在問題分析的整個過程中，生產管理者要多問幾個 Why（為什

麼），一個問題接一個問題地問下去，只有不斷去深究問題與各要素之間的關係，才能找到問題發生的原因。然後觀察這些原因之間是否存在因果關係，如果原因很多，還需要用實驗法、排除法等把一些非根本原因去掉，這樣才能集中力量找到根本原因。

當然，所有的方法都是說起來容易，做起來就未必那麼容易。生產管理者可以一邊嘗試，一邊靠平時的積累和努力，逐漸形成一套屬於自己的方法。

在分析原因時，如果原因實在太多，生產管理者一定要有所側重，不能在每一個原因上平均使力，否則，可能永遠都找不到根本原因。

綜上所述，PM 分析法要首先明確現象，再從物理或化學角度深層次分析現象，找到現象存在的條件，然後與「4M」聯繫起來。在分析的過程中，生產管理者還要多問幾個「為什麼」，如此就可以找出問題發生的根本原因。

心得欄

9 「4M」檢驗法發現生產問題

所謂「4M」檢驗法就是生產管理者要從Man(人員)、Machine(設備)、Material(材料)以及Method(方法)等角度發現生產問題：

1. Man(人員)

他遵照作業標準了嗎？他的工作效率達到要求了嗎？他有問題意識嗎？他負責任嗎？他的經驗豐富嗎？他有改善意識嗎？

2. Machine(設備)

所生產的產品合格嗎？產能夠嗎？有適當的保養嗎？精密度夠嗎？設備夠嗎？生產流程順暢嗎？

3. Material(材料)

品級對嗎？數量對嗎？品牌對嗎？有雜質嗎？存貨數量合適嗎？有浪費嗎？存放方式合適嗎？

4. Method(方法)

標準合適嗎？標準有修訂嗎？安全嗎？能確保品質嗎？工作程序合適嗎？溫度、濕度、照明合適嗎？前後工程協調良好嗎？

一、重視人員的培訓

生產管理者在安排基層幹部發現問題時，要讓他們觀察員工有沒有按照作業標準工作。如果員工嚴格按照作業標準工作了，那麼就要考慮員工的效率是否達到了企業的要求。

在實際生產中，有的企業採用計件方式，有的企業採用計時方式。對於採用計時方式的企業，建議生產管理者在給每一個崗位的員工設置一個定額後，檢測員工有沒有達到定額、有沒有問題意識、能不能經常發現問題和解決問題、有沒有責任感、經驗夠不夠、是否有改善意識，等等。所有這些問題只要有一個答案是否定的，那就是問題。

生產管理者應先找出這些問題出現的原因，然後進行解決。例如說，員工缺乏那些方面的經驗，生產管理者就可以給他們提供這些方面的培訓。企業培訓就是針對員工缺乏什麼就補充什麼。

員工在學習知識時有個特點：他們學完知識一個月後，如果完全不用的話，他們就會完全忘記。因此，在培訓時，一定要培訓那些他們馬上能用到的技能。

有人說培訓沒用，現在的企業培訓的確有 70%～80%都沒有用，但是，培訓沒有用不代表培訓不好，反而說明培訓沒有做好。那麼，什麼樣的培訓才稱得上是好培訓呢？對於企業來講，好培訓的一個重要標準就是選對培訓題目。

為什麼企業不培訓一些員工馬上可以用到的技能呢？很大程度上是因為許多企業不清楚員工缺乏什麼，這就需要生產管理者觀察、分析員工缺乏那些方面的培訓，然後再設計員工需要培訓的課程。

選好了培訓題目，接著就是選培訓老師。培訓老師不一定要選最好的，而是要選最適合企業的。

培訓完了以後還要及時跟進培訓效果。例如，培訓了員工某一項技能，接下來生產管理者就要瞭解員工這方面的技能是否有改進。如果員工的技能沒有得到改進，就需要在員工操作的過程中幫助他，直到他改進技能為止，這樣的培訓才有效果。

二、解決設備問題的關鍵是保養

1. 減少設備故障，做好保養工作

除了人員的問題，生產管理者還要關注一下設備的問題。例如，用這個設備生產出來的產品是否合格、設備會不會導致產品出現品質問題、設備需不需要改進和保養、設備精密度和數量夠不夠、設備操作流程是否順暢等問題。其中，解決設備問題的關鍵在保養。設備的保養與人的保養很相似，如果不保養，就容易出現問題。大多數人認為設備出故障是正常現象，其實，這是不正常的。

什麼是故障呢？人為造成的障礙就是故障。也許有人會問:「出現故障很正常呀，人可以不生病，設備可能會不出故障嗎？」答案當然是可能。例如，人們明明知道熬夜、抽煙、喝酒對身體不好，但是就是要去做，這就屬於故意讓自己出現故障。如果一個人懂得保養，他絕對會很少生病。同理，如果設備保養好了，也就不會經常出問題。

如果設備保養不當，生產出來的不合格產品的數量就會增多。另外，如果設備保養不當，還會縮短使用壽命、降低精密度，進而降低設備使用率、降低產品的品質以及增加維修成本。

2. 為設備建立檔案

在保養設備時，生產管理者需要給設備建立檔案，將設備買回

來時的各項指標、那些地方出現過故障、定期需要做那方面的檢查等清清楚楚地記錄下來。在檢查過程中，如果發現設備出現了問題，該更換的零件就要換掉；如果沒有發現問題，就可以說設備處於零故障狀態。設備處於零故障狀態並不是說設備不需要保養，而是說如果設備保養得好，在運轉過程中就不會出問題。

設備通常是在生產最忙、最緊急的情況下出現問題的，如果設備保養得好，就不至於出現這種情況。

實際上，生活中也經常出現這種現象，很多人都有自己的私家車，有些車在行駛的過程中突然就拋錨了。定期維修保養就可以保證設備在運轉時不會突然出現故障。所以說，設備問題很大程度上就是保養問題。

3. 保養是操作設備之人的事

有人問，設備保養是操作設備之人的事還是維修設備之人的事？當然是個人更重要了。操作設備之人就是你自己，保養是操作設備之人的事。

生產管理者千萬不要向員工灌輸不管設備只管生產的觀念，這觀念容易導致操作設備的人不愛護設備，一旦設備出現問題，他們就叫維修人員維修。

真正懂得設備保養的人，使用的設備的壽命會比不懂設備保養的人使用的設備的壽命長很多。

三、處理好材料問題

1. 處理好材料供應問題

材料的問題包括材料的運用是否準確、品牌和數量是否正確等問題。如果材料出現問題，企業生產就會很被動。企業如果經常出現這樣的問題，生產管理者就需要檢討。

生產部經常「斷線」，所謂「斷線」，即生產線斷下來，停工待料。導致生產「斷線」的原因有兩方面：一是我們自己部門造成的，二是其他部門造成的。

企業對生產部經理考核時，首先要確定生產部的「斷線」指標。只有每個月生產「零斷線」，生產部經理才達標，否則，出現一次「斷線」，生產部經理就要被扣一部份獎金。那麼，由於其他部門而造成的「斷線」還用考核生產部經理嗎？答案也是要的。即便是其他部門的責任，但是作為生產部經理，也是有責任去跟催材料的。

現在很多企業的生產管理者都不管部門之外的事，他們只知道材料來了就讓員工做，材料不來就停工，所以，「斷線」問題一次又一次也發生。如果生產管理者能夠經常同採購部門溝通，問清楚他們材料是否充足，缺少的材料是否來貨。如果材料來貨了，生產管理者還應該去核實一下。這樣，如果材料不合適，還來得及更換材料。如果材料沒到貨，生產管理者就要檢討自己是否及時跟催了。採購部門的員工有時可能因為某些事情忘記了購買材料，如果生產管理者跟催一下，企業就很難出現材料不足的問題，工廠也就不會停工。

2. 處理好材料與庫存的關係

與材料相關的另一個問題就是庫存。倉庫的存貨夠不夠、此刻的庫存是否合適，等等，也是生產管理者需要重點考慮的問題。以前生產管理者喜歡帶客戶去倉庫參觀，讓客戶看看企業有多少存貨。可是，現在的觀念改變了，企業一般不會帶客戶去倉庫參觀。如果客戶看到企業還有非常多的存貨，客戶就可能認為企業存貨太多，產品不夠暢銷，競爭力不足。於是，客戶可能會和企業終止合作。生產管理者最好讓客戶知道，企業雖然有倉庫，但是沒有太多的存貨，這樣的話，客戶就可能會覺得這家企業很有競爭力，成交的可能性也會增大。

庫存太多會導致一些不必要的浪費，如產生不必要的搬運、堆積、放置、防護、尋找等行為；佔用資金、損失利息及增加額外的管理費用；物品的價值衰減，導致物品變成呆料、廢料；佔用空間，影響人員透過，易造成倉庫建設投資的浪費等。

現代企業的存貨應該是越少越好，而不是越多越好，當然存貨有一個限度。很多人誤認為「零庫存」就是一定沒有庫存，其實並不是這樣，「零庫存」就是將庫存減少到最低，甚至可以為「零」，因為材料放在倉庫裏並不是越多越好，庫存多了就可能造成浪費，特別是有些材料的時效性很強，現在不用的話以後可能也用不著，就只能浪費了。

四、研究找出好方法

在生產工作中，生產管理者要讓員工結合自己的經歷，不斷研究出更好的工作方法，如操作流程是否能優化，如果能，有沒有更好的方法。

如果有標準化的方法，生產管理者必須將方法告訴員工，要員工完全按照規定好的方法去做，不要胡亂操作，否則，就會出現很多問題。

在標準化的方法已經告訴員工以後，生產管理者就要關注員工有沒有按照標準化的方法操作。如果沒有，那就要員工按標準化的方法執行。

在使用標準化方法操作的過程中，生產管理者還要詢問員工是否發現了問題。如果發現了，員工就要提出來，然後和生產管理者一起尋找更好的解決方法。

10 解決生產問題的四個重點原則

什麼是合理化的 ECRS 重點原則呢？這個原則是從工業工程裏提煉出來的，ECRS 原則由四部份構成：Eliminate（剔除）、Combine（合併）、Rearrange（重排）和 Simplify（簡化）。

1. 剔除

剔除是指去掉一些不必要的動作。

「零動作」、「負動作」能不能剔除呢？能不能剔除掉一些不必要的動作呢？有人統計過，在一般的生產企業裏，員工每天做的工作中，大概有 20%～30%是「零動作」或「負動作」。如果可以把這些無效工作剔除掉，很多問題自然能夠避免。

如果生產管理者不知道那些工作是不必要的動作，提供一個檢驗方法——將某項工作停下來，不再做，一天過後，觀察是否產生了不利影響，一個星期後再看看有沒有不利影響發生。如果一個月過去了，還是沒有產生任何不利影響，這意味著這項工作可以不做了。當企業停止做某項工作，第二天就出現問題了，再回頭繼續做這項工作也還來得及。利用這個辦法，生產管理者就可以剔除掉很多重覆的、多餘的動作。這個方法對於生產工人也很有效，他們可以借此剔除一部份不必要的動作。

許多工作都存在「知其然，不知道其所以然」的情況，從來沒有人靜下心檢討一下到底做這些事情有什麼意義。如果生產管理者能認真思考一下自己的某些工作是否有必要做，就可以剔除掉很多無效工作。剔除掉無效工作以後，問題就會變得簡單，企業反而沒有那麼多問題了。

當然，在生產企業裏，除了不必要的動作需要剔除外，設備、員工數量以及閒置時間都屬於需要剔除的範圍。

2. 合併

合併的範圍可以很廣泛，包括合併各種工具使之用途更廣泛、合併各種可能同時進行的動作、合併相同的工作崗位等。例如，生產管理者可以考慮能不能將兩個人一起做的事合併為一個人做、能不能把兩個工位合併為一個工位、能不能把兩個部門合併為一個部門等問題。

現在一些企業都設置有設備部門和生產部門，如果你是總經理，當設備出了問題時，你會去找生產部門的負責人還是去找設備部門的負責人？如果你找生產部門的負責人，他會說：「肯定是設備部門的問題，他們是管設備的嘛，設備出了問題，當然是他們的責任。」

當你找到設備部門的負責人時，他會說：「都是生產部門亂操作一通，他們根本不懂保養。」他又把責任推給了生產部門。

解決這兩個部門之間互相推卸責任的最好方法是什麼？就是將這兩個部門合併，現在已經有很多企業這樣做了。如果你所在的企業還沒有這樣做，那就趕快動手把設備部門合併到生產部門去，設備、產品品質以及生產產量等方面出了問題都由生產部經理負責。

現在，有的企業甚至把品管部與生產部合併起來，為什麼要這麼做呢？也是因為一旦產品出了品質問題，這兩個部門的負責人總喜歡推卸責任。當然，合併之前，企業的管理者還需要考慮合併是否合理，不能說合併就合併，否則合併後還是會產生很多問題。

企業有三名設備維修人員。以前，這三名設備維修人員屬於設備部，設備壞了他們就來維修；如果設備沒出現故障的話，他們就無事可幹。

後來，企業將設備部與生產部合併後，這三名設備維修人員就歸生產部經理管理。生產部經理安排他們一人負責一條生產線，那條生產線出了問題就追究專門負責該生產線的設備維修人員的責任。從此以後，這三名設備維修人員就不再無所事事了，他們會經常到現場走動，與操作人員一起保養和維護設備。如果那一組的設備出了問題，維修人員就會在第一時間解決這個問題。

為了防止使用設備的操作人員弄壞設備，當有時間時，他們就會把操作人員聚集起來，給這些員工講解如何操作、保養設備以及判斷小故障的方法。員工們也很積極配合，因為他們已經合為一體了。

合併不僅可以提高員工的責任意識，也方便生產管理者進行管理，這就是合併的好處。當然，分開也有分開的好處。不過，如果合併能發揮更大的效用，就一定要合併。除了部門可以合併，其他方面如工位、動作還有工具等都可以合併。

3. 重排

重排指將工作平均分配於雙手，雙手同時動作時，最好能呈現出對稱性。例如，我們運動的時候最好用雙手，雙手最好同時往外或者往裏，雙手動作要對稱。

應用在工作中，重排指應把工作平均分配到各個崗位上，把工作安排成清晰的直線順序。對於生產管理者來說，如何把工作平均分配給每一名員工，不至於讓有些員工很辛苦，有些員工無事可做呢？如果企業以前一直都是先做這件事再做另一件事，那麼，調整一下順序，看看會有怎樣的後果。如果不如之前的處理方式，那就再按照以前的方式進行；如果調整順序後的效果更好，則按照調整後的方式去做，這些都屬於重排。在重排的過程中，生產管理者可以發現和解決很多問題。

4. 簡化

生產管理者不應該把簡單的問題複雜化，而應該把複雜的問題簡單化。生產管理者在培訓員工時，講解得越簡單，員工就越容易理解。員工理解了，他們操作起來也就更容易，這就是簡化。

簡化的內容還包括減少無效工作、減少視覺動作並降低必須注視的次數、工作保持在正常動作範圍內和縮短動作距離等。

那麼，在保質保量的前提下，如何把工作、動作、制度、標準規定得越簡單越好呢？這是生產管理者要做的事情。越簡單的動作，做起來越容易的動作，員工就越能按照標準做，出現問題的可能性也越小。

11 解決生產問題的標準程序

一些生產管理者在解決生產問題時，只憑直覺感應，想怎麼處理就怎麼處理。實際上，解決生產問題有一套標準程序。很多問題並不能簡單地按照發現的順序進行「排隊解決」，也不能依照解決問題者個人的好惡，隨意安排解決順序，而是在必須符合企業利益的前提下，在企業資源分配的原則範圍內，科學地制定解決問題的順序。

解決生產問題的標準程序包括把握問題調查現狀、分析原因、確認要因、制定對策、實施對策、檢查效果和標準化等步驟。

要將問題簡單化，如果問題本身就很簡單，那就不用遵照這個標準程序了，標準程序主要針對比較複雜、比較難解決的問題。

其實，解決問題就如同找醫生看病一樣，醫生看病為什麼只給病人吃兩天藥呢？因為醫生想看一看病人的情況究竟怎麼樣。如果過了兩三天，醫生一看病人臉色有所好轉，就可以讓病人繼續吃一段時間的藥直到病好為止。但是，醫生一看病人臉色慘白、病情加重，就會馬上給病人換藥，否則會吃出人命來。

醫生這套先給病人吃藥，不行的話再換藥的方法與生產管理者解決生產問題的方法非常像。我們來看一下這個標準程序：

首先，把握問題調查現狀，這就同醫生給病人聽診、把脈，化驗血等各種指標；

圖 11-1 解決生產問題的標準程序

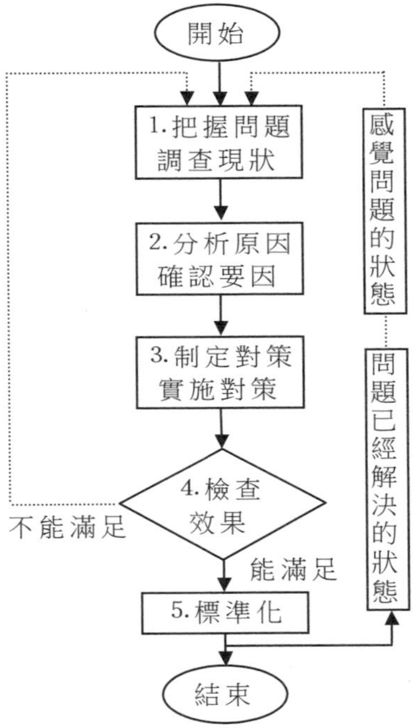

其次，分析原因，確定要因。例如感冒有很多原因，對中醫來說有風熱、風寒等，到底屬於那一種病因呢？主要原因是什麼呢？

再次，等主要原因確定了，就可以開藥方了，即制定對策。開完藥方，病人拿藥回去吃，就是執行對策。

最後，對策執行以後，還要檢查實施效果。如果效果比較好，就將對策標準化固定下來，這個問題就解決了；如果效果不好，再回頭重新分析原因、確認要因、制定對策、執行對策、檢查效果。有的問題經歷一次標準程序就解決了，有的問題則可能需要反覆分析才能解決。

步驟一、把握問題，調查現狀

解決生產問題的第一步就是根據現狀，把問題分析清楚，其次就是明確問題。

敍述問題就是要將問題描述清楚，明確問題則是透過思考這件事的地點、時間、人員、程度等狀況，做成問題分析表(見表 11-1)。

表 11-1　問題分析表

項目	敍述問題	明確問題
事 What		
地點 Where		
時間 When		
人員 Who		
程度 How		

大家分析問題時，可以用這一問題分析表，但內容不能完全照搬，需要具體問題具體分析。可能之前遇到的問題，分析一次就找到解決對策了，但是針對複雜的問題時，生產管理者可以按照表

11-1 所列的項目，敍述清楚到底是什麼事情、什麼地點發生、什麼時間發生、人員有那些、問題的程度怎樣等。

這個問題分析表，生產管理者可以自己製作。生產管理者在分析問題的時候，特別是面對複雜的問題時，需要將問題寫下來，比在頭腦裏思考就下結論效果更好。

步驟二、分析原因，確認要因

分析完問題後，就可以找原因了。很多時候，生產管理者往往會找出許多原因，那麼，到底那一個才是最重要的原因呢？這就要透過簡化的方式來確定。

生產管理者面對眾多原因時，一定要簡化原因，在眾多原因中尋找根本原因。如果在分析問題時，生產管理者會找到很多原因，那麼，生產管理者會覺得根本原因是比較多呢還是比較少呢？筆者認為，應該是比較少，這也符合「二八定律」。

案例：「二八定律」的應用

一百多年前，義大利經濟學家維爾弗雷多・帕累托(Vilfredo Pareto)發現義大利 20%的富人擁有 80%的財富，而 80%的窮人只擁有 20%的財富。他的這一發現就是著名的 80/20 法則，也可稱為「二八定律」。

如今，「二八定律」的應用範圍十分廣泛，適用於許多領域。例如，在企業裏，20%的客戶貢獻了 80%的利潤。如果產品的品種比較多，在這麼多的品種裏面，有 20%的品種給企業造了

80%的利潤。

找原因也是一樣，如果有 10 個原因，大約只有兩三個原因比較重要，它們佔了 80%左右的比例。在找原因時，生產管理者一定要找出這少數的、決定性的原因，它們才是導致問題產生的根本原因。

尋找根本原因還可以用到一些技巧，如檢討員工有沒有按照標準執行。如果企業沒有標準，那就說明企業存在問題，需要儘快制定標準；如果有標準，那麼就要考慮員工有沒有嚴格按照標準執行、標準是不是合理。

台灣的印刷廠，操作切削機的師傅常手指頭被機器一次切斷，分析原因時，找到了很多原因，如員工注意力不集中、太疲勞了、技術不過關，等等。在這些原因中，我們認為，最主要的原因或者說根本原因是員工違反了操作規程。

當員工的雙手同時按按鈕時，它才會被壓下去。如果員工是雙手同時按按鈕，注塑機是永遠都壓不到手指的，但是，有的員工自作聰明地想：「怎麼這麼笨呢，一隻手就行了，為什麼要雙手操作呢？」於是，他們就把一個按鈕用東西堵住，這樣只需要單手就能操作設備，而另外一隻手沒事幹就東摸西摸，一不小心手指就被鍘掉了。

當找到員工手指被鍘掉一事的根本原因後，叫機器廠商加大彈簧壓力，必須用力壓才能有效啓動機器，避免員工隨便塞個紙團就行了。

另外，企業為了解決這一問題還作了一項規定：生產管理者在巡視時，如果發現有單手操作的員工，就當場罰款 100 元。

罰款後還要告訴員工，企業不是想要員工的錢，而是想透過罰款增強員工保護手指的意識。當時員工的月薪資不高，一次罰款 100 元員工當然會心疼，所以之後再也沒有人單手操作了，也就沒有再出現員工手指被鍘掉的事件了。

當找到根本原因後，如果原因很明確，生產管理者就可以馬上採取措施。如果原因的影響度比較大，又沒辦法採取措施，這時候生產管理者就要進行要因分析，將重要原因細分成多個小原因，然後逐項採取對策。

步驟三、制定對策，實施對策

根據現狀分析問題、分析原因、確認要因，這些工作都是為了針對問題制定對策。那麼，制定對策時要注意些什麼呢？

1. 制定對策需要注意的問題

(1)對策一定要具體可行

對策一定要針對具體問題，要有可行性。對策的可行性除了與企業的人員有關外，還與企業具備的條件、環境等有關。如果對策缺乏可行性，無法有效解決問題，那麼，再合理再必要的對策也是一紙空文。

生產管理者在瞭解措施之後，先找一個問題分析解決。只有真正將解決問題的流程運用到實際工作中，實實在在地解決了某一個問題，生產管理者才能真正掌握解決問題的方法。

(2)最好選可以解決的對策

什麼是內部力量呢？例如，生產部管理者解決問題時最好主要用生產部的力量，其他部門只需要起到協助作用，因為你只能左右生產部，這也是解決問題時需要注意的。生產管理者並不能解決所有問題，只能在資源允許的範圍內解決問題，不能解決的問題就不要攬過來，建議或者移交給別人解決。

⑶活用創造性思考原則

創造性思考最好採用「腦力激盪法」來落實。「腦力激盪法」如何開展呢？企業可以讓 4～6 人組成一組，每一組指定一個人負責記錄。「腦力激盪法」的實施原則不允許有任何批評意見，為什麼不允許有任何批評意見呢？例如 4 個人正在討論一件事，其中一人提出了一個方案，如果有人說這個方案行不通，那麼其他三人就有可能認為這個方案確實行不通，就會把他的創意否決掉。因此，提出的方案不管行還是不行，都先把它們全部寫下來，然後再一個一個討論，不允許意見在剛提出時就被否決掉。

因為越奇怪的想法越有可能是解決問題的好方法，這也叫「不按照牌理出牌」。

答案提出來後，大家還可以討論一下，看那一種想法最有新意。接著，大家就開始討論，到底那些方案可行，那些方案不可行，可行的方案就留下來，不可行的方案就刪掉。

制定對策時應儘量想一些比較有創意的方法，因為如果那些問題可以用常規的方法解決，問題可能很早就解決了。問題會拖到今天，就表示存在一定的難度。碰到有難度的問題時，生產管理者如果不採用一些出其不意的方法就有可能解決不了問題。

生產管理者學習了「腦力激盪法」後，也可以教員工做這個遊戲。他們學會後，以後遇到問題時，也可以使用「腦力激盪法」解決問題。

⑷制定對策在於治本而不是治標

換句話說，制定對策時，刨根究底不是為了做表面文章，而是為了解決實際問題。很多企業喜歡在「5S」上做表面文章，雖然表面文章看上去很漂亮，但解決不了實際問題。

例如，「5S」前面的四個「S」(整理、整頓、清掃、清潔)就屬於表面文章，有的企業可以把前四個「S」做得很漂亮，但是第五個「S」(素養)卻永遠做不出來。當壓力沒那麼大，制度沒有嚴格執行時，員工就又回到了原來的狀態。這也是很多人詢問為什麼「5S」做了好幾年還是不能達到理想效果的原因。

「5S」的「本」就是要想辦法讓員工嘗到做「5S」的甜頭，讓員工覺得「5S」對自己真的有用，這樣他們才會做得好。簡單來說，就是「逼」員工去做「5S」，讓員工在被「逼」的過程中發現「5S」的好處，然後員工就會主動去做。如果生產管理者「逼」了員工很長一段時間，員工一直沒有發現「5S」的好處，反而覺得這樣做很麻煩，那就永遠沒辦法做好「5S」工作，所以說，制定的對策一定要治本。

⑸制定對策要考慮經濟性

什麼是經濟性呢？就是制定對策時要考慮成本。例如，員工向上司報告說，解決某個問題需要花費 10 萬元，但又沒說明具體的效果如何，上司就不批准。如果員工報告上司說解決這個問題不需要用錢，上司會說「快去做吧」。如果員工說這個對策雖然要花費 5000 元，但是解決問題後可以幫公司節省 5 萬元，上司也會同意員工立即執行。如果員工要花 5 萬元去解決問題，結果只能獲得 2

萬元的收益，那上司是不可能同意這樣的對策的。

解決問題要考慮成本，如果有些問題的解決成本太高，那現在就還不是解決的時候，至少現在不是最合適的時候。例如說，員工的想法工作沒有做通，員工與幹部的互信還沒有建立好，因為這些方面引發的問題就有可能解決不了，那就需要將問題放一放，等準備工作做好以後再去解決問題，到時候效果可能會更好一些。

⑹制定對策要考慮各種風險

解決這個問題是否存在風險、會不會解決了一個問題又把另一個問題引出來了，這些都是在制定對策時，生產管理者需要考慮的問題。

⑺決策分析

制定完對策以後，生產管理者還要做決策分析。生產管理者要將問題描述、預期結果、有利因素、不利因素及對策等方面製成一張表格，逐項進行分析。

制定完對策後，就需要實施對策了。

表 11-2 對策分析表

問題描述	
預期結果	
有利因素	
不利因素及對策	
負責人	
完成日期	
檢查人	

2. 如何實施對策

不管是 TPM，還是「5S」，沒有做好的其中一個原因可能是活動展開之前，生產管理者對員工的培訓沒有做到位。在實施對策之前，生產管理者要將實施對策的要點和重點、原因、影響等告訴員工。其中，最重要的就是告訴他們為什麼要實施這項對策，實施這項對策對他們有什麼好處。只要是對員工沒有好處的事情，員工都不會認真做。一旦員工不認真做，那麼，事情就做不好，做出來的工作也只是表面化的、暫時的。雖然讓員工願意做很困難，但是如果不把當前的問題解決掉，接下來的工作根本沒辦法開展。

因此，在實施對策之前要對員工進行培訓，告訴員工為什麼要做、怎樣做，在告訴員工方法的同時還要讓員工真正有意願去做。

在對策實施過程中，如果存在的問題比較多，週期比較長，生產管理者就可以將對策分階段進行。例如，處理完這個問題總共需要兩個月的時間，那就應該對每一個星期需要解決那些問題、達到那些目的給予明確的書面安排，最後還要安排人員進行階段性檢查。

但凡需要幾個月才能完成的工作，如果不分階段檢查、督促，很可能就達不到預期的效果。有些生產管理者習慣將實施對策交代下去後，一個月檢查一次結果，結果發現對策並沒有按照預期的要求執行，那怎麼辦呢？就只能做沒有意義的處罰了。

所以，生產管理者一定要跟蹤對策的實施過程，否則很難達到預期效果。跟蹤過程中，生產管理者應該先用書面形式預定這一階段應該達到的結果，然後按照預期結果進行檢查。此外，檢查後還要讓員工看到對策實施的真實狀況。

步驟四、檢查效果，將對策標準化

檢查實施效果要有一定的標準。制定任何對策時，生產管理者都要明確需要解決的是什麼問題，然後設定該問題的解決方案，如時間點、檢查方法、負責人、檢查重點還有方法的合理性，等等。

生產管理者要根據解決問題的方案檢查效果，如改進方法是否合理、操作方法是否簡單，等等。確認效果時，生產管理者還要考慮是否有其他因素存在，如有人說效果不錯的原因很有可能是市場行情變好了。生產管理者要查清楚這些因素是不是確實存在。

如果實施的效果不好甚至出現相反的效果，生產管理者還需要把問題按照標準程序再分析一遍；如果實施的效果比較好，就可以將對策標準化。

步驟五、將對策標準化

對策標準化包括具體的作業方法，具有簡單化、步驟化、圖表化、操作性強等特點。對策標準化要以作業的重點為主，特別是注意事項，必須遵守的事項亦需明確說明。標準化的一個標誌就是製作一份優秀的作業指導書。

區分企業的作業指導書優秀還是普通就是要看作業指導書上的文字多不多、有沒有圖片、有沒有具體步驟、有沒有重點和難點。凡是文字太多，但圖片、步驟、重點和難點不突出的作業指導書，都需要繼續補充和完善。

一份優秀的、漂亮的作業指導書應該是這樣的：

⑴文字簡潔

作業指導書的用語一定不要冗長囉嗦，簡潔的文字既要能說明表達的意思，又要能達到讓大家一看就明白、能操作的效果。

⑵步驟清晰

每一步驟都要說得非常清楚。

⑶圖文並茂

在作業指導書上，針對一些具體的操作方法，可以配以示意圖，使表達更生動形象，而且也能達到解釋說明的效果。

⑷重點和難點突出

這個崗位最容易出問題的地方在那裏、最難做的地方在那裏、如何解決這些問題等，作業指導書上都要有詳細說明。

⑸通俗易懂

作業指導書是寫給誰看的呢？很多人可能會回答是給操作員工看的。如果只是給操作員工看，等員工在一個崗位上操作半年後，是不是就可以拿走這份作業指導書了呢？因為員工背都能背出來，還要它幹嗎？

其實，作業指導書除了給員工看，還要給檢查的生產管理者、老闆及客戶看。生產管理者實行走動管理時，當他走到一名員工面前時，如果他想知道員工是否嚴格按照標準操作，他就可以根據作業指導書上的要求，觀察員工的操作過程。如果發現有差異，生產管理者就可以馬上把班長找來，讓班長告訴員工如何按照標準操作。

另外，如果企業老闆來工廠視察時，生產管理者可以告訴老闆企業有作業指導書，品質也有控制標準，員工都在按照標準操作。當老闆走到員工面前，他就可以參照作業指導書觀察員工是不是按照標準操作了。如果員工都按標準操作，老闆就會很高興。但如果他發現員工的操作規範與作業指導書不同時，生產就容易出問題。

還有就是當客戶來公司參觀時，銷售部門的管理者就會向客戶介紹：「你看我們的產品品質是有保障的，因為我們有嚴格的操作標準，員工都是按照標準做的。」客戶看完這些標準後，就會到現場去觀察。當客戶走到員工面前，就會一邊看作業指導書，一邊觀察員工在如何操作。如果客戶發現員工是按照作業指導書操作的，客戶就會很滿意。

作業指導書一定要讓大家都看得懂，不要寫得只有生產管理者看得懂，而員工、老闆和客戶卻看不懂，否則，這份作業指導書就沒有多大意義。

有一次，參觀知名企業。在參觀生產線時，我發現自己看不懂他們的作業指導書，而且上面的字很多。字也很小，估計員工在看這份指導書時也要湊上去才能看清楚。

當時就覺得那份作業指導書是在作秀，因為員工不可能停下工作去看，檢查人員也不可能湊上去仔細看。那麼，這就不算是一份優秀的作業指導書，因為它不符合標準。

標準的作業指導書應該是這樣的：員工工作時，只要抬頭就可以看到，檢查人員從旁邊走過時，也一眼就能看得清。這樣的作業指導書才有意義，否則就是擺樣子，不實用。

很多企業都有作業指導書，但是不是所有的作業指導書都很優秀、都能說明問題，這就需要生產管理者嚴格把關，製作出一份優秀的、標準的作業指導書。

實際上，做菜的方法可以標準化，生產企業的做法也可以標準化。標準化的精神就是將操作的方法記錄下來，然後按照記錄尋找到最好的方法，將之標準化。

12 「六大任務」法發現生產問題

生產管理者可以採用「六大任務」法發現生產問題，這六大任務也是每個生產管理者需要負責的六項指標。

表 12-1　六大任務檢查表

生產量	效率如何？	半成品有多少？	成品庫存有多少？
品質	不良率多少？	返工率多少？	有無異常？
成本	材料費多少？	勞務費多少？	工時多少？
交期	是否遵守交貨期？	延遲次數多少？	
安全	作業環境如何？	員工疲勞程度如何？	安全對策如何？
士氣	出勤率如何？	團隊精神如何？	

1. 減少浪費，提高生產量

效率高低關乎生產量的大小。企業的效率如何、半成品和成品庫存有多少，等等，這些都是生產管理者要考慮的問題。

人們一提到效率，自然會聯想到動作，列出了 12 種常見的動作浪費，工業工程(Industrial Engineering，簡稱 IE)專家認為，作業者大概有一半的動作都是無效的。那麼，如何消除作業者的無效動作呢？

· 兩手空閒 · 轉身角度大
· 單手空閒 · 移動中變換狀態
· 作業動作停止 · 不明技巧
· 動作太大 · 伸背動作
· 左右手交換 · 彎腰動作
· 步行多 · 重覆不必要的動作

凡是勞力密集型企業或者說以手工為主的生產企業，減少無效動作、提升效率的潛力都很大。即使所有員工都是積極作業者，減少無效動作、提升效率的可能性依然是存在的。

從工業工程的角度來看，作業者的每一個生產大動作其實都可以細化為很多小動作，例如說，手動一動是一個小動作，接著手腕動一動，再接著手臂也動一動，轉身，這一連串小動作就構成了一個大動作。研究這個整體動作會稍微複雜一點，企業可以請工業工程專家將動作一一分解進行研究。

企業也可以找一個操作速度最快、動作最準確的員工，將這名員工的整個操作過程用攝像機錄下來，再把他的動作分解或若干小動作，利用攝像機的慢放功能將這些小動作展示給其他員工。在展示過程中，生產管理者還應該對每個小動作一一進行講解。生產管理者最好在新員工進廠時就這樣培訓他們，否則，一旦員工習慣了一些錯誤動作，糾正的過程將會非常困難。

2. 保證品質，提高品質

在生產實踐中，如果員工能夠認認真真、老老實實地將工作落實下去，就能在一定程度上保證產品的品質。很多品質問題都屬於員工不按照標準和制度操作才產生的。所以，面對品質問題，特別是慢性的品質問題，生產管理者要從員工入手，提高其責任意識，從而保證產品的品質。

提到品質，人們通常還會想到「一分價錢一分貨」。可能有些人就要說了：「品質是要注意，但是品質越高，成本就越高。」

但是，品質的提高與成本的增加之間並非是因果關係，企業完全可以兼顧品質和成本，而生產管理者要做的就是想辦法找到既可以提高品質又可以降低成本的方法，從而保證企業在提高品質的同時，成本也有所降低。

提高品質與降低成本是企業必須實現的兩大目標。事實上，品質不僅關乎成本，也是交期的基礎。若不能創建一個健全的品質保證體系，建立有效的成本管理及交期管理體系只能是空談。

3. 控制開支，降低成本

大家都知道，很多產品的價格都在下降，但是採購成本反而在上漲。面對這一問題，有位老闆曾經說過這樣的話：「不該花的錢，堅決不花；可花可不花的錢，儘量不花；必須花的錢，儘量少花。」他的意思就是說要控制企業的開支，從多個方面降低生產成本。例如，採購原材料的錢是必須花的，那就少買一點，原材料買的多了容易佔庫存，這也是成本計劃的一部份。

降成本要狠，在生產企業裏，還可以使用全員控制費用的方法。千斤擔子眾人挑，人人頭上有指標。企業要把降低成本的指標下放到每個部門、每個人，全面降低費用，這樣的效果也非常好。

4. 縮短交期，按時交貨

交期是生產企業從支付購進材料及耗材開始到收到售出貨物的貨款的時間為止。因此，交期時間代表了金錢的週轉。生產管理者的一個重要職責就是將產品的生產過程儘量縮短，過程越短，成本越低。

交期的關鍵在於送達所需產品的品質與服務的品質，換句話說，我們每一件事情都認認真真，每一個產品傳給下一道工序時品質都是合格的，那麼，交期就會縮短。

除了縮短交期，客戶・擔心的事情就是供應商不按時交貨。本來約好的是 20 日交貨，結果到了 19 日晚上，生產管理者打電話告訴客戶說：「企業出了一點小問題，明天交不了貨了，要 22 日才能交貨。」可是，到了 21 日晚上，又打一個電話對客戶說：「出了些倒楣的狀況，要 25 日才能交貨。」客戶遇到這種供應商，會非常無奈，最終可能會終止合作。所以，如果答應了客戶，貨就要按時交出，否則就不要輕易答應。

5. 減少隱患，確保安全

在生產過程中，班組長、經理、廠長要注意什麼？答案是要注意生產量、品質、成本、交期、安全和士氣這六個方面。其實，做生產就是要做好這六個方面。

這六大任務裏，最重要的是那一個任務呢？最重要的是安全。因為其他任務出了問題，企業還能慢慢解決，但是，如果安全出了問題，後果將非常嚴重。

安全是最重要的，安全關係到企業的存亡，一次大的安全事故可能會把企業毀掉。安全更關係到人的生命。產品有價，但生命無價，生產管理者不能輕視。

「1 起死亡或重傷害事故背後，有 29 起輕傷害事故；29 起輕傷害事故背後，有 300 起無傷害虛驚事件以及大量的不安全行為和不安全狀態存在，它們之間的數量比是 1：29：300。」這是美國安全工程師海因裏希(Heinrich)在 1931 年提出的「安全金字塔」法則。

海因裏希透過分析 55 萬起工傷事故的發生概率，總結出了事故的發生規律。他認為，預防一切事故，要從本質安全中人的因素考慮，就是指要消除直接作業環節中人的各種違章行為。「安全金字塔」法則的精髓有兩點：一是事故的發生是量積累的結果；二是強調入的素質和責任心在操作層面的重要性。

開車的人都知道，開車時，如果前方出現障礙物，司機會突然急剎車。如果經常發生這樣的事情，大約每 10 次，就會有 1 次真的撞上去，也就是說大約每發生 10 次驚嚇就會發生 1 次小事故。

對於工業企業的生產管理者而言，控制事故就是要控制隱患。在工業安全事故的預控中，根據「安全金字塔」法則，如果發生了 300 次隱患事件，大約就有 29 次驚嚇事件、1 次工業安全事故發生。所以，只有控制隱患事件，才能控制工業安全事故的發生。

為了預見和防止發生工業安全事故，生產管理者應積極採取措施和多種方法。但是，如果發生了工業安全事故，生產管理者還應及時應對和處理。

6. 關心員工，提升士氣

每個人都認為自己的存在很重要，也希望自己存在的很有價值，還希望透過別人的讚美肯定自己的價值。一旦獲得了別人的讚美，人們做事的積極性就會提高。那麼，在工業生產中，生產管理者應該如何提高員工的士氣呢？

(1)真誠關心員工

生產管理者要真誠地關心員工，這是提高員工士氣的一個非常重要的手段。

生產管理者看待員工有兩種常見心態：第一種心態是「他們都是我的下屬，用什麼辦法把他們擺平呢？只要他們都好好幹，我就舒服了」。當然，生產管理者不會把這種想法直接告訴員工，他們只會說：「各位，為了你們的將來，你們要多學點東西，努力工作。」第二種心態是「我是他們的上司，他們都很年輕，經驗少、收入低。作為他們的上司，我必須對他們的將來負責任。所以，我一定要讓他們成長，要讓他們進步，要讓他們學更多的東西，要讓他們努力工作」。

試問生產管理者如果分別以這兩種心態對待員工，員工能感覺不出來嗎？

在培訓的時候，讓學員做過一個遊戲，你可以找你的朋友一起來做一次：你一邊說動作，一邊讓你的朋友跟著你做動作，你怎麼做，你的朋友就怎麼做。例如，你先拍臉，再拍頭，然後又拍臉，再拍頭，接著拍下巴。當你說拍下巴、動作卻是拍臉時，你覺得你的朋友會拍下巴還是拍臉呢？結果證明，大多數人都在拍臉。這就說明大部份人都比較注意動作，不太注意聽話語。

有人說可以假裝很關心員工，但員工每天都和生產管理者在一起，即使生產管理者能假裝一時，當員工發現生產管理者不是真正關心他們時，他們的士氣還會高漲嗎？肯定不會。但是，如果員工發現生產管理者是真的在關心他們，他們的士氣就會越來越高漲。

生產管理者是真誠關心員工還是虛假關心員工，員工自己完全可以感覺出來。所以，為了提升員工的士氣，生產管理者一定要真誠地關心員工。

⑵欣賞員工

生產主管常有一個想法，如果不能把員工辭掉，就要把他們培養成才，不要把員工留下來卻不栽培他，還整天罵他。這樣的話，員工會給企業帶來很多麻煩。

生產管理者可以將員工的長處找出來並欣賞他們、尊重他們，透過培訓促進他們成長，這才是對待員工的正確方法。

身為生產管理者，如果不「逼」員工進步，就不是真正在關心員工，員工的士氣也就提不上來。換句話說，「逼」員工進步是一個讓員工士氣高漲的好方法。

有生產管理者曾經問過這樣一個問題：「以下三種狀態，那一種狀態對員工的健康和工作最有利？」A. 完全沒有壓力；B. 適當的壓力；C. 非常大的壓力。

正確答案是 B。因為適當地「逼」員工，他們的士氣就會高漲。如果完全不「逼」他們，他們在工作中會感到無聊，士氣就高漲不起來。當然，「逼」得太厲害也不行，給員工的壓力一定要適度。

13 工廠問題大半都是基層的操作問題

大家都知道，每個企業都制定了很多的標準和制度，但是，員工往往不能百分之百地執行，於是，企業的生產就很容易出現問題，而這一類問題多數就屬於操作層問題。

對於一般企業來說，操作層問題佔據生產管理問題的 80%左右。而在一些比較優秀的企業，操作層問題可能會少一些。

對生產管理者而言，若明確操作層問題，可以幫助員工預測和發現問題，減少「救火」類問題的發生，從而提升企業管理水準，提高員工解決問題的能力以及個人收入。

操作層問題往往跟企業的關注領域有關。企業的關注領域越多，成熟度越高，發生的操作層問題越少，解決操作層問題的成本也越少。下表反映了不同成熟度的企業的關注領域。

發現與成熟度比較欠缺的企業相比，成熟度越高、規章制度越規範的企業，其關注的領域越多。

表 13-1　成熟度不同的企業關注領域不同

關注領域	成熟度較高的企業	成熟度欠缺的企業
有沒有工作內容和工作方法的設計	有	沒有或欠缺
誰、用什麼方法、完成什麼任務、需要什麼監督和幫助、最終會得到什麼評價、其個人收入與工作效果和效率的具體關聯是什麼等內容是否清晰	清晰或基本清晰	不清晰
各種工作方法和工作成果上的差異以及比較結果能否自動顯現	能夠	不能夠
各層幹部的職責是否清晰	清晰	不清晰
各層幹部落實職責的方法是否明確、對落實效果的檢驗要求是否明確	是	否
幹部對其下屬工作中的問題負什麼責任、需要對其下屬發現和解決問題的能力承擔什麼責任、怎樣評價這種責任的落實情況等內容是否清晰	清晰或基本清晰	不清晰
下屬是否瞭解自己需要解決的問題以及能否掌握解決問題的具體方法	瞭解能夠	不瞭解不能夠
在員工發現問題方面，企業是否有相應的機制	是	否
企業解決問題的程序和經驗是否標準化	是	否
企業是否要求自己有持續提高工作效率的能力	是	否
企業是否能夠系統化地發現和解決基礎性問題	是	否
企業是否需要決策層參與解決操作層問題	是	否
企業各層管理者是否能自行完成指導工作	是	否
企業普通員工是否有能力承擔重要工作	是	否

一、缺乏上崗工作前培訓，導致操作問題

很多企業只顧招聘上班，卻從來不對新員工進行崗前培訓，結果導致新員工上崗後問題層出不窮，而這些問題多數屬於操作層問題。事實上，這些問題並非都是員工造成的，大部份問題是因為企業沒有做好培訓而產生的。「磨刀不誤砍柴工」，在員工上崗之前，企業應該多花些時間對員工進行崗前培訓，寧可少要一個星期的產量，也要好好培訓員工。只有員工動作標準了、方法正確了，工作時產生的後續問題自然會少一些。

培訓員工很重要。每月拿出八個小時對員工培訓是培訓的時間底線。不論工作有多忙，企業每月至少要拿出八個小時培訓員工，以提高他們的相關能力，特別是員工的操作能力。員工的操作能力提高了，他們執行標準和制度的能力相應也就提高了。

生產管理者還要給下屬的班組長一個任務，就是在員工的工作過程中，班組長要不斷告訴員工如何按照標準操作。對於操作不規範的員工，班組長需要手把手地教他們，直到他們操作規範為止。

二、員工違反工作標準導致操作層問題不斷

工作標準是員工在工作過程中的作業指導書。對於一些成熟度比較欠缺的企業，它們可能並沒有制定工作標準，所以，作為生產管理者，為了提升企業的管理成熟度，第一件事就是要制定企業的工作標準並要求員工嚴格執行。而那些已經有工作標準的企業，則

需要繼續完善。

另外，在操作過程中，員工使用的工作方法不同，產生的結果也不同。生產管理者可以假想一下，如果員工不按照工作標準操作會造成什麼後果呢？假如某個零件要加熱五分鐘，但是員工只加熱了四分鐘，這會導致什麼後果呢？這些後果是需要告訴員工的。如果生產管理者不告訴員工違反工作標準操作的後果，只是對員工說：「你加熱五分鐘就好了，其他的不要管了。」員工就有可能想「加熱四分鐘是不是也可以呢，為什麼一定要加熱五分鐘呢？」於是，員工就可能只加熱了四分鐘，結果導致問題出現。

工廠因為裝修就在外面安裝了一台電鋸，而對電鋸並沒有採取任何防護措施。在電鋸旁邊，還安置了一把電閘開關。有一名來自農村的員工因為從來沒有見過電鋸，很好奇，就去摸。剛巧被老闆看到了，老闆告訴他不要碰，那個東西很危險。

當時，那名員工就回去了。可是到了晚上，他越想越好奇，心想那個東西肯定很好玩。半夜，他又去了，他摸了摸電鋸後，又看到旁邊的電閘開關，就想看看電閘開關放下去是什麼樣子。電閘開關剛放下去，他就叫了起來，由於電閘開關放下後，電鋸運轉。這名員工在摸電鋸的過程中，三根手指被鋸掉。

因為老闆只告訴他「不要摸」，沒有告訴他「摸了以後會有什麼後果呢？」

既然生產企業的很多問題都出現在操作層，企業就有必要高度重視。事實上，操作層問題都是一些典型的知易行難的問題。解決此類問題的方法相對簡單，那就是想辦法讓員工百分之百地按照規定和制度操作。那麼，如何才能讓員工百分之百地按照規定和制度操作呢？

在企業的生產管理過程中，生產管理者需要做的就是不但要把生產標準告訴員工，還要把違反標準操作會造成的後果也告訴員工。如果生產管理者不告訴員工違反標準的後果，員工就有可能會嘗試不按照標準操作會產生的結果。而員工一旦嘗試，問題就會發生。

14 如何發現操作層問題的四種方法

一、從「制度層面」來發現問題

企業有沒有發現問題的機制、有沒有解決問題的標準化程序與經驗、有沒有不斷要求員工提高工作效率、有沒有系統化解決技術性問題的機制、各級生產管理者有沒有及時指導員工、員工是否在努力工作、對於按照標準和制度操作可能達不到要求的員工生產管理者有沒有給予培訓，等等，這些都是企業在解決操作層問題時，生產管理者要優先考慮的方面。

操作層問題主要體現在制度方面，最好從制度方面出發。從制度方面出發，發現操作層問題有三個前提：

1. 標準

制定生產標準的前提在於企業需要建立涉及工作內容、工作方法和評價工作效果的指標體系。

生產管理要有標準，沒有生產標準的企業，操作層問題相對會多一些。所以，凡是沒有建立標準的企業，就要儘快制定生產標準。已經建立生產標準的企業，則需要對生產標準進行修改和完善。

2. 責任

明確生產責任的前提在於，企業需要明確各個崗位上的員工必須承擔發現問題的責任並指明誰應該承擔那些責任。假如企業規定零件要三天上一次油，如果員工違反操作標準，這個責任就應該由班組長承擔。班組長等員工上完油後，每次都要抽查，而他的上級管理者只是偶爾抽查一次。如果上級管理者抽查時發現零件沒有上油，班組長就要承擔責任，因為這在他的職責範圍內。

但現實情況是，有些企業並沒有明文規定責任由誰承擔，等發現問題了才開始追究責任，凡是違反操作標準不管出不出問題，相關人員統統都要受罰。有時候，員工的思路並不像生產管理者那樣清晰，他們可能認為違反一兩次標準和制度產生的影響並不大。如果生產管理者不採取比較嚴厲的處罰方式要求他們，他們就不會嚴格按照標準和制度操作。

3. 方法

發現操作層問題的第三個前提是方法，即生產管理者應當傳授給員工一些發現問題的方法，使各個崗位上的員工知道應該關注什麼、如何關注、發現問題時如何描述以及向誰彙報，等等。

生產管理者要知道，不僅自己要懂得發現問題和解決問題的方法，基層員工更需要知道，特別是那些工作在一線的員工。

針對標準和制度的修改與完善，生產管理者還可以這樣做：凡是按照標準和制度操作的員工，企業要給予表揚和獎勵；凡是違反標準和制度的員工，企業則要給予批評、教育和處罰；發現標準和制度有問題並提出修改建議的員工，企業要給予獎勵；當員工提出修改建議後，相關主管需要在 24 小時內研究員工的建議並提出修改對策：即使企業要保持原有的標準和制度，也要將信息及時回饋給提建議的員工。

二、從「提案改善」來發現問題

建立提案改善制度，因為提案改善制度是預測問題、發現問題和解決問題的好方法。

可能有人會問，提案改善不就是要提出合理化建議嗎？其實，提出合理化建議和提案改善還是有區別的。很多企業都讓員工提出過合理化建議，但是提出合理化建議存在一個缺陷：在剛開始實施的時候，員工會提出很多意見，後來意見就會越來越少，以至於最後完全沒有意見，這就是提出合理化建議的結局。

企業有一台大約 2.5 米長的設備。這台設備原來是由兩名員工負責操作，一名員工負責把產品從設備的一邊放進去，另一名員工負責將半成品從設備的另一邊取出來並且碼放好。

後來，其中一名員工就想：為什麼一定要兩個人一起操作呢？一個人到底行不行呢？於是，他就設計了一根鐵絲，然後將鐵絲打彎安裝在產品出口處。結果，產品就順著鐵絲出來了，還能整整齊齊地碼放好。他的這一做法不僅提高了工作效率，還有利於提升企業的效益。

1. 第一步：強迫員工發現問題

生產管理者要員工按照標準和制度做事，但是需要建立在標準和制度一定合理的前提之上。如果企業的一些標準和制度完全不合理，還要強迫員工去操作，員工就沒有辦法做好工作。

(1)強迫員工大膽懷疑

標準和制度出台之前一定要慎重，出台以後還要不斷修正。生產管理者要強迫員工擁有懷疑一切的精神，千萬不能想著標準和制度已固定下來不需要改變了。當員工擁有了這種精神後，企業就會從他們那裏獲得很多改進方法。如果員工的改善方案被證明錯了，企業就不要採用；如果被證明是正確的，企業就要修正之前的標準和制度。

(2)用物質懲罰的方式強迫員工提出改善方案

除了鼓勵員工大膽懷疑外，物質懲罰也是一個強迫員工發現生產問題的不錯方法。例如，企業可以規定工廠主任每個月至少提出兩個改善方案。如果工廠主任沒有提出兩個方案，那就扣工廠主任的薪資。如果工廠主任還下設兩個小組，就可以把這兩個改善方案分配下去，每月每個組提出一個方案，提不出方案的話就扣組長的薪資。然後，組長就會向員工傳達指示，讓員工去發現問題。這樣一個流程下來，就會變成強迫員工去發現問題，不發現問題就扣薪資。這樣做，責任也就落實下去了。

當薪資和提案改善方案掛鈎時，為了不被扣薪資，員工自然會到處尋找問題，這就是提案改善的第一步——強迫員工發現問題。

2. 第二步：鼓勵員工提交方案

生產管理者在進行生產管理時，不能只罰不賞，一定要賞罰分明。在第一步中，企業已經採取懲罰的措施了，第二步就應該獎勵員工。對於那些合理化的改善方案，企業一旦採納，就應該給予員工一定的獎勵。

獎勵員工並不意味著要獎給他們很昂貴的物品，例如獎勵五十元錢、一百元錢或者獎勵一隻牙膏、一條毛巾等，然後將員工的名字張貼在公告欄上，如寫上「這個月提案改善是×××提出的」，甚至可以將員工的照片也展示在公告欄上。獎勵的關鍵在於鼓勵員工提出改善方案的精神。

3. 第三步：好提案要重獎

當然，對什麼是好提案，企業要有一定的標準，否則有些員工為了獲得個小獎品，每天給生產管理者提很多的方案，那就適得其反了。

員工的提案一定要以企業的利益、成本和效率為基礎，只要出發點好，即便提案沒被採納，那也是提案。有了好提案之後，生產管理者就要選擇合適的人去執行。等提案得到有效實施之後，生產管理者可以計算一下這個提案為企業節約了多少成本，然後拿出一部份獎金去獎勵提案者。通常情況下，提案的執行者就是提案人，有時候生產管理者還會委派幾名員工協助他。

解決問題的過程也是員工獲得利益的過程。問題得到解決後，員工不僅能得到物質上的收益和精神上的肯定，還能獲得成長機會，即獲取更廣闊的職業背景、獲得更多的挑戰機會等。

三、透過「培訓」讓員工具備發現問題的能力

有時候，不是員工不想發現問題和解決問題，而是他們找不到發現和解決問題的方法，所以，生產管理者就需要將方法教給他們，還要告訴他們需要注意什麼以及如何注意。如生產管理者可以告訴員工：「當你操作設備時，你就盯著這個部位，這就是注意。當這個部位出現特殊情況時，這就是異常。」發現了異常後是員工自己處理還是彙報給上級處理，這些也都需要告訴他們。

但是，在實際工作中，大部份生產管理者沒有告訴員工，結果等出現問題時，操作者也沒發現；即使發現了，他們也不知道如何處理：是向上級報告呢還是自己處理，是停機呢還是繼續讓機器運轉？所以，培訓很重要。透過培訓，企業不僅可以提高員工的工作效率，還能避免一些問題的發生，提升企業效益。

員工每天都要工作，那利用那些時間培訓他們呢？其實，只要生產管理者願意，有很多時間都可以用來培訓員工，例如，因特殊原因導致的停工，特別是一些主要以接收訂單為主的企業經常會遇到因為來料不齊導致停工的情況，偶爾還會遇到供電不足導致停工的情況。生產管理者就可以利用停工的時間展開培訓，既充分利用了時間，也給員工提供了接受培訓的機會。

當然，培訓需要做好前期準備。生產管理者需要先把培訓方案做好，培訓老師也準備好，培訓老師當然就是生產管理者本人。當遇到停電、停料不得不停工時，企業就立即把員工組織起來進行培訓。員工每個月至少需要培訓八個小時，且這八個小時越分散越

好，最好每次培訓一個小時或兩個小時，每次講解一兩個重點，這樣的效果往往會勝過專門培訓員工一整天。

四、從「走動式管理」來發現問題

可能很多生產管理者已經聽說過「走動管理」這個詞，走動管理的意思其實很簡單，就是生產管理者要到工廠、到工作現場走動，去瞭解情況，去發現問題和解決問題。

1. 走動管理更容易發現生產問題

走動管理是生產管理者發現操作層問題的好辦法。俗話說，旁觀者清，走動管理更容易發現問題，也便於及時解決問題。工作時，員工都在不停地做事，當生產管理者從他們旁邊走過時，就很容易發現一些他們沒有發現的問題。一旦發現這些問題，生產管理者就可以現場指正，讓他們立即將問題解決掉。

但是，如果生產管理者不走動，員工可能因為工作太忙，有些操作層問題他們沒有及時發現，這些問題日積月累就變成了「救火」類問題。變成「救火」類問題後，後果還得由生產管理者承擔。

許多製造部主管不習慣經常到工廠走動。當時天氣很熱，整天坐在有冷氣的辦公室內不願意去工廠。要知道工廠裏實在是太熱了，管理者誰也不願意下工廠。其實不走動視察，你怎能發現問題。

所以，走動管理能幫助生產管理者不斷地發現與解決問題，特別是能夠發現一些操作者很難發現的問題，因為他們在「局裏」，當局者迷，身在「局外」的生產管理者反而更容易看到問題。

作為企業的生產管理者，一定要對生產現場、技術以及品質控制等情況非常熟悉。如果生產管理者能經常到現場走動，自然可以提升對產品的熟悉程度。在企業工作時，如果不經常走動，肯定對員工、對很多技術都不瞭解，更別談發現問題、解決問題了。

2. 走動管理可以起到督促、激勵員工的作用

走動管理除了能幫助生產管理者發現操作層問題外，還能起到杜絕員工報喜不報憂、激勵員工和監督員工的作用，促使員工嚴格按照標準和制度工作。

⑴走動管理可杜絕員工彙報工作時報喜不報憂的現象

有些員工明明發現了一些問題，但他們會向生產管理者隱瞞，彙報工作時往往報喜不報憂，從而讓生產管理者認為他們工作出色，已經完全沒有問題了。

身為生產管理者，如果能夠經常到現場走動，下屬在向你彙報工作時，就會實事求是，不會欺騙你。

⑵走動管理可以起到激勵員工的作用

走動管理便於拉近員工與生產管理者的距離，生產管理者一個鼓勵的眼神和行為便能達到激勵員工的目的。「小夥子，聽說你幹得不錯，繼續努力！」就一句話，員工就會受到鼓勵，幹活也更加努力了。

⑶走動管理可以幫助生產管理者監督員工

每個企業都會有一些想偷懶的員工，但他們最怕被生產管理者看到自己偷懶，因為生產管理者有權炒他們魷魚。當他們看到生產管理者整天在工廠裏轉來轉去時，想偷懶都不敢，說明走動管理對他們有一定的威懾和監督作用。

作為生產管理者，除了自己要走動，也要讓下屬多走動，，如

果生產管理者一天有六個小時都在工作現場，那麼他們的下屬在現場的時間肯定會超過六個小時。

生產管理者在實行走動管理時，每一個現場都有一張圖表，他們是按照圖表上的內容檢查工作的，如生產進度、產品品質、故障率，等等。假如企業要求員工每三天給機器上一次油，在檢查的時候，如果看到進度表上的核對欄已經被塗黑了，就說明員工已經上過油了，生產管理者就要把機器打開核實一下。如果沒有上油，那就表示檢查出問題了。

15 操作層問題的五種解決措施

措施一、分工明確，責任確認

1. 操作層問題的出現大多與職責不清晰有關

對於生產管理者來說，如果職責不清晰，就不利於他們管理好員工，也不利於他們開展生產工作。

例如，班組長希望員工按照操作規定執行，在工廠巡視時，他就有一項工作要做，即走過員工操作台時，要觀察員工是否違反了操作規定。如果員工違反了操作規定，就要立即糾正他。而因為這項內容是班組長的職責，就要明文規定在班組長的職責範圍內。換句話說，如果員工不按照操作規定操作，受處罰的還應該有班組長，而不僅僅是員工。

一家企業要求每一位班長都必須注意個人管理範圍內有沒有安全隱患。

當然，事先已經把什麼是安全隱患以及如何發現安全隱患的方法都教給了他們。發現安全隱患後。如果是能立即解決的問題就馬上解決，不能解決的問題就向上級彙報。

而組長的職責就是在他負責的幾個班的區域內巡視。組長在抽查班長負責的區域時，如果發現存在安全隱患，就扣班長的分，扣分就意味著扣薪資。工廠主任則在他負責的幾個小組的區域內實行走動管理，發現安全隱患就直接扣組長的分。作為經理，也實行走動管理，如果經理發現了安全隱患，就直接扣工廠主任的分。

另外，企業還設置了一個工業安全委員會，他們也會經常到工廠巡視。如果他們發現了安全隱患，就會直接扣經理的分。試想一下，班長在發現安全隱患，組長在發現安全隱患，工廠主任也在發現安全隱患，經理也在發現安全隱患，企業還會有安全隱患嗎？幾乎是沒有了。經理是從來沒有被扣過分的，工廠主任也沒有，但偶爾有個別班長或組長會被扣分。經過這樣的發現過程，安全隱患幾乎就沒有了，這確實是一個排除安全隱患的好方法。

當生產企業出現操作層問題時，生產管理者就要弄清楚到底是那裏出現了問題、問題出現在那個工作領域、問題的性質是什麼、應該由誰來負責和解決這些問題、那些問題應該由班長負責、那些問題應該由組長負責、那些問題應該上報給上級等等。

2. 處理操作層問題需要分清職責

在處理操作層問題時，企業要明確規定究竟應該由誰負責，要將員工的責、權、利寫清楚。責就是員工有那些職責；權就是員工有那些權限；利就是在員工職責範圍內，如果員工做好了，將獲得那些獎勵，做不好又會受到那些處罰。

生產管理中出現的大部份問題，員工或者基層幹部都可以解決，並不需要事事都向生產管理者彙報，也不需要全部由生產管理者解決。但是，生產管理者在明確職責的同時，也要考慮下屬的能力，考慮他們有沒有接受過培訓、是否掌握了解決問題的方法。如果他們確實沒有能力處理和解決這些問題，縱使生產管理者強迫他們去處理，他們也沒有辦法解決問題。

3.責任細分杜絕安全隱患

很多安全隱患就屬於操作層問題。儘管生產管理者已經將標準和制度告訴了員工，但員工並不能嚴格按照標準和制度操作，結果導致問題發生。杜絕安全隱患的一個好辦法就是分工明確，責任確認。

除了安全隱患，也可以用類似方法解決其他問題。例如，生產管理者認為某一項操作非常重要，違反操作規定會造成很大的損失，那麼，生產管理者就可以將檢查這項操作的責任賦予給某些人。

4.責任落實在掌握方法的基礎上

員工要瞭解清楚他們需要解決的問題並掌握解決這些問題的方法，如生產設備在運行過程中，難免會出現一些小故障。面對這些小故障，很多企業的生產管理者會讓機器停止運轉，然後尋找維修機器的人員修理。實際上，企業可以教給員工一些排除故障的方法，使他們在機器出現故障時可以先判斷並做一些臨時的處置，就像出現事故先自行採取急救措施一樣，否則，有可能在發現問題時問題還很小，等找到人處理時小問題就變成大問題了，甚至還可能造成大事故。

一般來說，企業都有緊急救火的消防器材。但是很多企業往往將消防器材放置在角落裏，並沒有告訴員工應該如何使用。

大家都知道，滅火最關鍵的時間就是火災剛開始的前幾分鐘。如果前幾分鐘還沒有將火滅掉，那就只能逃命了。因此，在火災發生的前幾分鐘，距離消防器材最近的那名員工是否採取正確措施是非常重要的。

但是，如果生產管理者沒有告訴員工使用消防器材的方法，那些消防器材就形同虛設。一旦火燒起來，等到會用的人過來時，廠房可能早就被燒光了。

有些問題生產管理者必須教會員工處理的方法，特別是那些常見的小問題，以防止問題擴大，這也是預防和解決操作層問題的方法之一。

崗位職責明確了以後，生產管理者就要考慮職責的落實。如果明確了職責卻沒有執行，那麼職責就只是一句空話。筆者在巡視工廠時，就會經常注意下屬的工廠主任、組長、班長是否在做他們職責範圍內的事情。如果他們沒有做，那就是問題，筆者會馬上讓他們改正。

措施二、確實做好培訓工作

生產管理者常抱怨自己同員工講了很多道理，但他們就是不聽，特別是那些基層員工。這些生產管理者在給員工做培訓的時候，其實更應該注重方法。

生產管理者在給員工做培訓時，一定要弄清楚這樣一個問題——員工最關心什麼？

如果生產管理者告訴員工這樣操作對企業有什麼好處，員工可能會覺得這不關他們的事。所以，生產管理者在培訓員工時，只需要告訴員工按照標準和規定操作對他們有什麼好處，否則就要受到處罰。

那麼，按照標準和規定去做對員工到底有沒有好處呢？答案肯定是有。如果標準和規定是涉及安全方面的，員工按照標準和規定操作就可以保證他們的生命安全。

措施三、善用溝通，建立互信關鍵

行為決定習慣，習慣決定性格，性格決定命運。只要生產管理者能夠改變員工的錯誤行為，員工就會形成良好的工作習慣，才有可能改變他們的命運。

生產管理者可以將這個說法告訴員工，讓他們理解，讓他們願意去做。

1. 提升員工與主管的互信程度

有些生產管理者說：「也跟他們這樣講了，可是他們不聽！」

員工為什麼不聽呢？業培訓的效果如何，是取決於員工與主管的互信程度。

沒有一家企業員工與主管的互信程度是 0，也沒有一家企業員工與主管的互信程度是 100，所有企業員工與主管的互信程度都在

0～100 之間。

研究了很久也沒有研究出員工與主管互信的具體數據，但是，在互信程度線上一定存在兩條線，一條線是及格線，一條線是優秀線。當員工與主管的互信程度處於及格線以下時，無論主管對員工說什麼，員工都不會聽，他們會把主管想像成老闆的「狗腿子」，把主管要他們做的每一件事都想成是幫助老闆剝削他們的。當員工這樣想時，主管怎樣培訓都是沒有用的。如果員工與主管的互信程度到了優秀線以上，培訓的效果則會比較好。

在生產實際中，儘管不知道及格線在那裏，也不知道優秀線在那裏，但生產管理者可以儘量將自己與員工的互信程度往高處提升。

那麼，如何才能提升主管與員工的互信程度呢？在給一些企業做培訓時，就有生產管理者要求筆者告訴他們一些提高與員工互信程度的方法。因為如果主管與員工的互信還沒有達到一定程度，使用再多、再好的方法對於發現和解決生產問題也是沒有意義的，員工依然不服從管理。

2. 建立主管與員工的互信

生產管理者如果想獲得員工的信任，就要給員工提供一些實實在在的力量支撐，例如說，你真正關心他們的收入、生活和成長。如果你做不到這一點，他們也就不會相信你。

當生產管理者真心對員工時，員工為了得到上司的信任，他們自然會按照標準把工作做好。當生產管理者與員工之間形成互相支撐的關係時，他們之間的互信也就形成了。

在建立互信的過程中，很容易產生誤會。如果一個陌生人對第一組的某個人說:「我來支撐你，你向後倒吧。」第一組的那個人可能會想:「這傢伙我都沒見過，他值不值得我信任呢？」他可能就不願意向後倒。

即便這個陌生人很誠心地對他說:「倒吧！」他可能還是不倒。陌生人不耐煩了，心想不倒就算了，於是就把手放開了。第一組的那個人想清楚了往後倒時，結果一屁股坐在了地上。這時，他會怎麼想呢？他會認為這個陌生人果然是個不值得信任的傢伙，這就導致了誤會的產生。

同樣的道理，當生產管理者決定每個月與員工溝通後，剛開始時，員工也許會不領情，可能會認為生產管理者是「黃鼠狼給雞拜年——沒安好心」。這時，如果生產管理者也覺得委屈，就不和員工溝通了，二者之間就容易產生誤會。生產管理者應該繼續與員工溝通，直到員工相信自己為止，這樣就容易建立互信了。換句話說，生產管理者支撐員工的手永遠都不能放開，一旦放開，互信就很不容易建立。

另外，員工在讓生產管理者相信自己的過程中，雙方也很容易產生誤會。因為並不是工作一做好，生產管理者馬上就能感受到，就會立即表揚員工、鼓勵員工。員工要理解，有時候生產管理者可能因為很忙，沒有看到員工的努力；也有可能他看到了員工的努力，但在考慮這個員工是否真的很積極，他還需要再觀察一段時間。如果員工認為生產管理者沒有看到自己的努力，就不願意再積極工作了，就有可能導致生產管理者對員工產生誤會。

由於生產管理者和員工之間很容易產生誤會，所以，雙方要不斷消除誤會，建立互信，把互信程度提升到優秀線以上。當互信程度提升到優秀線以上之後，生產管理者再給員工做培訓時，效果就會非常好；如果互信程度還在及格線以下，那麼，生產管理者所做的培訓就達不到理想的效果，即使特意為某些員工做培訓，試圖改變他們的想法和態度，他們可能仍然不會按照培訓內容操作。

生產管理者如果想讓員工按照規定和標準做，想讓員工儘量少出現操作層問題，首先就要與員工建立互信，接著才能對員工講道理。講道理時，生產管理者還應該儘量講與員工關係密切的方面，與員工無關的內容要少講。

3. 雙方互信重在溝通

作為生產管理者，如果想與員工建立互信，最好每個月抽出一些時間與員工溝通。溝通必須是雙向的，有的生產管理者經常責罵員工、命令員工，這並不是一種有效的溝通方式。

溝通的關鍵是傾聽。生產管理者一定要記住，與員工溝通時既不可以打斷對方說話，也不可以給員工臉色看，因為只有當員工什麼都願意和你溝通時，你才可能瞭解他，並增強你們之間的互信。如果你從來都不與員工溝通，那你們的互信是很難建立的。

在與員工溝通時，生產管理者還要重視溝通的反覆性，因為反覆才會有效果。有些生產管理者會認認真真地對員工講一遍規範操作的好處，但問題是員工聽完一遍後是否能明白。很多員工聽完一遍後都不能完全明白。不過管理層的指示，員工確實不容易聽明白，所以就需要生產管理者與員工進行反覆溝通。

生產管理者要不斷地和員工溝通、溝通、再溝通，直到員工聽明白了並按標準操作為止。培訓是長期的，生產管理者抓住機會就要和員工溝通。在溝通過程中，生產管理者也要根據員工的具體情況具體對待。

表 15-1　生產企業中常見的兩類員工

第一類員工	第二類員工
比較努力	不努力
比較喜歡思考	不喜歡思考
勇於承擔責任	逃避責任

生產管理者一定要因材施教，瞭解清楚所培訓的員工屬於那一類。對於第一類員工，生產管理者可以多鼓勵他們，但是對於第二類員工，就需要生產管理者用條條框框的標準和制度去規範他們。

例如，企業制定了一個標準，凡是違反操作標準的員工都要受到相應的處罰。生產管理者在實行走動管理時，如果看到員工違反了操作標準，第一次看到時，就要教育他；如果第二次、第三次再遇到員工不按照標準操作時，生產管理者就要批評和處罰他。即使員工屬於第二類，他們也會被逼著按標準操作。等他們按照標準操作的時間久了，自然會習慣這套工作標準，漸漸地他們也可能變成第一類員工。

企業應賦予第一類員工更多的機會、責任和挑戰，安排第二類員工做更多、更具體的工作；企業應鼓勵第一類員工多思考，強迫第二類員工嚴格按照標準和制度操作。

措施四、用獎懲來激勵

解決問題的過程是員工發揮創造性的過程。企業要想使員工順利地完成創造性工作，還必須給予員工快樂工作和願意工作的理由，這就要求企業透過制度，尤其是分配制度體現出對創造性勞動的尊重，還要求企業為員工提供能夠實現創造性勞動的方法和基礎。

發現安全隱患的多寡取決於員工有沒有用心發現。那麼，如何才能讓員工用心發現安全隱患呢？有一個很常見的方法就是將發現和解決操作層問題與員工的收入掛鉤，激發員工的積極性。對於員工來說，當職責與個人的收入掛鉤時，員工就會更努力地把工作做好，特別是那些普通員工，也許生產管理者對他們講十遍操作標準都不如在物質上給他們一些小小的獎勵或懲罰。如果員工按照標準做，就表揚他們、獎勵他們；如果員工不按照標準做，就批評他們、處罰他們。漸漸地，他們就會養成按照標準操作的習慣，出現問題的次數也會越來越少。

員工犯錯誤時，對員工的處罰要適度，處罰太輕會影響實施效果，處罰太重也不利於工作的開展。當生產管理者每天都講規範操作的好處，講到員工終於明白時，員工能否就按照培訓的內容開展工作呢？員工明白這麼做對自己有好處，能否馬上去做呢？答案是不一定能。不要說員工不一定能，有時就是生產管理者自己也不一定能。就像生活中一個很常見的現象：開車的人很難百分之百地遵守交通規則。難道是因為人們的素質不夠高嗎？難道是因為人們不知道違反交通規則的壞處嗎？人們都知道，但是依然會違反交通規則，就是因為處罰措施太輕了！

除了處罰，生產管理者還要激勵員工。只要生產管理者激勵員工的方法得當，大多數員工還是很願意去發現問題、解決問題的。

企業常經常對員工說：「員工要做的就兩件事：第一是賺錢，第二是學本領。賺錢是賺現在的錢，學本領是賺將來的錢。員工最關心的事情就是收入與成長。」，

讓員工解決問題時，不僅要讓員工看到解決問題有獎金、能夠增加收入，還能提高能力、得到成長。

有時候不是人們不懂道理，而是因為處罰不合適，所以才達不到令人滿意的效果。生產管理者對員工講明白道理以後，除了要制定標準和制度，還要制定與標準和制度相關的獎懲體系，對做得好的員工就獎勵，對做得不好的員工就處罰，只有這樣，員工才能嚴格按照標準和制度操作。

將發現和解決操作層問題與收入掛鈎，不僅包括員工，還包括生產管理者。對於生產管理者來說，如果負責的班、組發生了違反操作規範的事件，其造成的損失也要和生產管理者的收入相連接。

措施五、鼓勵員工多提建議

如果生產管理者制定的制度存在問題，該怎麼辦呢？

在企業宣佈了一項規定：凡是制度規定好的，員工一定要嚴格按照制度執行，否則就會受到批評和處罰。但是，如果發現制度存在問題，員工就要馬上提出來。如果制度確實存在問題，員工還能得到獎勵。

除了給予員工獎勵以外，還會責令相關主管在 24 小時內解決問題：如果員工指出的問題可以立即得到修改，相關主管就要馬上修改；如果員工指出的問題因一些原因暫時無法修改，相關主管要

給予員工解釋：「你提出的建議很好，但是我們現在還不能採納，歡迎你以後繼續提建議。」

透過這種方法，鼓勵員工不斷提出改進建議，漸漸地，制度就會越來越完善。隨著制度不斷完善，員工又能按照制度操作，那麼，操作層問題就基本能夠得到解決了。

當生產管理者修改好標準和制度後，也不要急於馬上執行。員工的壞習慣不可能一天就改掉，如果生產管理者馬上執行新制度，很多員工都會一時接受不了，他們就會被處罰。所以，生產管理者不妨先寬限三個月，對這段時間內違反標準和制度的員工，可採取批評教育的方針。等員工漸漸習慣了新的標準和制度後，企業再嚴格執行處罰措施，直到員工都嚴格操作為止。

解決操作層問題時，生產管理者首先要給員工講道理，所講的道理一定是實實在在的道理，不要講虛的、冠冕堂皇的大道理，要講員工關心的道理。很多企業實施「5S」培訓的效果之所以很不理想，主要在於這些企業並沒有把培訓對員工的好處明明白白地告訴他們。

5S 管理的實施要點在於持續推行整理、整頓、清掃和清潔工作；制定員工行為規範，使員工養成良好的習慣；不斷對員工進行培訓；培養自覺、自主、自立的「三自」型員工；培養員工的優良品質和問題改善意識。企業實施「5S」培訓時，一定要將實施要點告訴員工，還要告訴員工實施了「5S」培訓會對員工本人帶來什麼樣的好處。只有這樣，員工才願意工作。員工願意工作之後，生產管理者要採取方法就容易多了。

在給員工講道理之前，生產管理者首先要建立與員工的互信，接著把標準和制度制定好，再輔助制定一個嚴格的獎懲規定。在實施新的標準和制度時，生產管理者還要給員工一個過渡期，待員工試用一段時間後再嚴格執行相關的標準和制度。筆者在很多企業都使用了這種方法，效果非常好。

生產企業管理的本質就是為了使問題能夠「自動暴露出來」並得到有效解決；使各種利益關係和工作效果得到最大限度的明確和細化；使制度成為企業價值觀的直接體現，促使員工自覺認同。生產管理者在明確管理本質的同時，還要充分掌握發現問題的方法，培養發現問題的意識，以便於及時解決問題。

心得欄

16 進行生產現場診斷

一、現場分析

(1)流程分析

中醫云：「通則不痛，痛則不通。」凡是身體有問題的地方，不是淤血，就是受風，或是麻痹，需要從總體上調理，來「活血、化淤、祛風、理氣」。

分析那些技術流程不合理，那些工序可以簡化和取消，那些工序必須加強控制，那些需要加強橫向聯繫等。技術流程和工作流程好比是企業的經脈。對於企業管理來說，也同樣如此。凡是有問題的地方，往往會出現不通、不快、不力、不暢、不細、不和的局面，所以首先要從總體脈絡上來調整和優化。

(2)環境改進

改進生產、工作環境就是指在滿足生產、工作需要的同時，為了更好地滿足人的生理需要而提出改進意見。

平面佈置和設備擺放很重要，直接影響到生產效率。有些企業的環境只能滿足生產的需要，而不能滿足人的生理需要。雜訊、灰塵、有害氣體、易燃易爆品、安全隱患等所有這些不利於人的生理、心理因素都應該加以改善。讓員工在一個整潔、舒暢的環境中工作，這是以人為本的體現。

⑶合理佈局

技術流程圖上看不出產品和工件實際走過的路線，只有登高俯瞰，也就是從公司技術平面佈置圖上去分析，才能判斷工廠的平面佈置和設備、設施的配置是否合理，有無重覆和過長的生產路線，是否符合技術流程的要求。所以，我們應該換一種眼光看公司，俯視全貌，找出問題來加以解決。

⑷確定合理方法

在作業現場，似乎每個人都在幹活。但是，有人幹活輕輕鬆鬆、利利索索、眼疾手快，三下五除二，兩三個動作做完一件事；有人卻是慢慢騰騰、拖拖遝遝、拖泥帶水。研究工作者的動作和工作效率，分析人與物的結合狀態，消除多餘的動作，確定合理的操作或工作方法，這是提高生產效率的又一重要利器。

⑸工位器具的作用

分析現場還缺少什麼物品和媒介物，落實補充辦法。其中重要的一項是工位器具。如果沒有這些東西，現場就會混亂不堪。

什麼是工位器具呢？看看我們日常生活中的「蛋托」就知道了，它設計得非常巧妙，雞蛋這樣的易碎物品，有了它的保護就可安全無虞，而且便於計數和搬運，這就是工位器具的三大功能。設計工位器具是一門學問，要動腦筋。工位器具主要有五個功能：保護產品或工件不受磕碰或劃傷，便於記數、儲存、搬運，有利於安全生產，使現場整潔，提高運送效率和改善工作條件。

⑹生產時間的分析

時間就是金錢，有效組織時間是生產順利進行的必要條件。生產過程中的時間包括作業時間、多餘時間和無效時間，如表 16-1

所示。

表 16-1　生產時間表

產品的生產週期	作業時間	A	包括各種技術工序、檢驗工序、運輸工序所花費的時間和必要的停放等時間，如自然過程時間
	多餘時間	B	由於產品設計、技術規程、品質標準等不當所增加的多餘作業時間
		C	由於採用低效率的製造技術、操作方法所增加的多餘作業時間
	無效時間	D	由於管理不善所造成的無效時間，如停工待料、設備事故、人員窩工等
		E	由於操作人員的責任造成的無效時間，如缺勤、出廢品等

①作業時間。包括各種技術加工的工序、檢驗工序、運輸工序所花費的時間以及必要的停放時間和等待時間，還包括鑄造的自然時效(指為了消除鑄造應力而放置的時間)，這些都是合理的、必須要用的時間。

②多餘時間。包括由於產品實際技術規定和品質標準不當而增加的多餘時間，這是屬於上級和技術人員指導失誤造成的；還包括由於採用低效率的製造方法而延遲的時間。

③無效時間。包括由於管理不善造成的無效時間，例如停工待料、設備事故、人員誤工；也包括由於操作工人責任心不強、技術水準低造成的缺勤、出廢品等。

二、現場診斷

現場診斷的重點是搬運、停放、檢驗、場所和操作者的動作分析，這五個方面構成了現場分析的主要內容。

(1)搬運

搬運這一環節至關重要，搬運時間佔整個產品加工時間的 40%～60%，現場 85%以上的事故都是在搬運過程中發生的，搬運會使不良率增加 10%。所以改善搬運是企業重要的利潤源。壓縮搬運時間和空間，減少搬運次數，是我們研究的重要課題。

(2)停放

停放是不能產生效益的，停放的時間越長，無效工作就越長，這純粹是一種浪費。減少停放時間和地點同樣十分重要。

(3)檢驗

分析現場產品有那些品質問題，問題發生的地點、場所、時間、控制措施是否有效，產生的原因和解決對策是什麼。

(4)場所和環境分析

分析場所和環境是否既能滿足工作和生產需要，又能滿足人的生理需要，是否符合規定的環境標準。

(5)操作者的動作分析

分析操作者那些是有效動作，那些是無效動作？管理者對操作者的動作和所需時間是否對照「動作經濟原則」進行了分析研究？要減少操作者的無效動作。

17 要合理佈置工廠

1. 如何佈置工地

員工生命的 1/3 時間都是在現場度過的，工地佈置和環境對他們可以說是性命攸關。工地佈置是有學問的，合理佈置工地有以下幾個基本要求。

(1)操作向度等要符合人體工程學原理

物品放置的高度及工作台、椅子的高度都要適合操作工人軀體的特點，使工人在操作或取放物品時，方便省力，儘量不踮腳、不彎腰。這裏涉及人體工程學的問題。

凳子標準高度是 42cm，桌子的高度是 75cm，這兩個數字是怎麼來的呢？

男性的平均身高大約是 169cm。當人坐下來，腿部和地面平行的時候，高度平均數是 38～45cm，所以高 42cm 的凳子坐著是很舒服的。這時胳臂肘彎的水準位置離地面正好是 73～75cm。

同理，因為女性的平均身高比男性矮一點，所以縫紉機的台面離地高度是 73cm。操作電腦需要長時間將手放於桌上，所以電腦桌會低於 75cm，否則操作人員就會不舒服，甚至容易患肩週炎。

亞洲人的手比歐洲人的手平均短 2～3cm，所以設計師設計的滑鼠就會有區別：亞洲人用的滑鼠小巧而平滑，歐洲人用的滑鼠大而拱起，如果小巧而平滑，歐洲人就會感到手心空蕩蕩的。

⑵能夠滿足 90%以上的人進行正常工作

工地的狀況，至少能夠保證 90%的人能夠在裏面正常工作。但仍有少數人會受到影響，例如紡織廠和鍛工工廠，雜訊很大，但目前世界上還沒有解決雜訊的辦法。

⑶主要生產設備佈置符合生產技術要求

便於工人操作，儘量減少工人的行走距離，因為工人行走距離過長和大動作操作，純粹是無謂的時間浪費。要保證生產安全，同時節約生產面積。

在工作現場要以人為本。現場、設備、工裝、工位、器具等任何一樣東西都要考慮到人體的特點，這樣才不至於使員工在操作時違背人體工程原理而造成過度勞累或軀體的傷害。

⑷不必要的物品應該及時清除，避免擁擠

工地上多餘的、不必要的物品應該及時清除，以免造成工地的過分擁擠，影響工人的正常生產活動。可以說，工地混亂多數是因為廢棄物和不必要的物品得不到及時清除而導致的。清理是向管理要空間的最有效的方法。

2.工廠設備的佈置原則

工廠設備的佈置要遵循五個原則：

⑴加工路線最短

要使員工在看管多台設備的時候行走的距離最短。行走路線短，才能提高工作效率。可以廣泛採用 V 型佈置法。

⑵要便於運輸

可以利用天車、傳送帶、斜坡、滑梯、吊鏈、板鏈或堆高車等來運輸。

⑶要確保安全

使設備和設備之間、設備和牆壁之間以及設備和柱子之間留有適當的空間，免得員工在操作時一下用力過猛連躲閃的地方都沒有，這是為確保員工安全所必需的。

⑷要便於工人操作和工作場所的佈置

例如，用月牙形的擺放可以提高取放物品的效率。

⑸要充分利用工廠生產面積

例如，將設備排成橫向、縱向或斜角的，充分有效地利用好工廠生產面積。除了設備佈置，還有一個全廠的廠房佈置，要考慮到風、水、電、三廢處理、廠區綠化等。其中很重要的兩點是整體性和相關性，有些生產單位之間必須要安排得近一些，例如配件加工和組裝工廠；有些單位之間是絕對不能放到一起的，例如雜訊衝擊力大的衝壓工廠和精密機床工廠絕對不能放在一起。

3. 要創造良好的工作環境

良好的工作環境是指工作場所必須滿足生產技術的特殊要求，如有些生產技術要求工作場所必須潔淨、恒溫和防震；嚴密隔離；有嚴格的溫度和濕度，並對房間層高和顏色有特別要求等。

⑴空間

人與房間層高的關係是有科學根據的，層高取決於有多少人在裏面活動。按照標準，每一個人必須有 $3m^3$ 的空間，這樣氧氣才夠用。火車站和汽車站的房頂很高，就是考慮了人流量大、保證空氣流通的特點。

⑵溫度

溫度環境實際上包括了濕度和空氣流動速度等因素，是任何環境都會遇到的問題。溫度是工作現場最重要的條件之一，工作場所應該有合適的溫度。最合適的溫度根據當地的氣候條件、季節、工作類型和工作強度而定。在作業環境中，要具有良好的通風設備，保持適宜的溫度、濕度和空氣新鮮度，這樣使人感到舒適。對於一般強度的坐姿工作，20～25℃時工人的生產效率最高，而最合適的溫度是 23℃。如果達不到合適的溫度，工人的生產效率就會下降。有條件的單位要做好隔熱和防寒的措施，採取適當方式減少外部熱空氣和冷空氣侵入對於生產的不利影響。

⑶潔淨度

有些工作現場要求必須非常乾淨，如一些光學儀器、精密電子產品和特殊化學物質生產，對環境的要求特別高。例如，有一個單晶矽廠，有兩條非常奇怪的規定：第一是所有職工必須憑洗澡證上班。要求每一個員工早上洗過澡才能上班，進工廠之前，還要在「風淋室」抽一下，將全身的灰塵抽乾淨，換上潔淨的工作服。第二個規定是不能吃魚蝦。因為員工一吃魚蝦，呼出的氣息中帶有磷，產品遇到磷就會全部報廢。另外，由於對環境潔淨度的超高要求，這個工廠甚至謝絕參觀。

⑷雜訊

雜訊是企業生產和運輸中最常見的污染因素，強度超過 130dB 就會傷害人的機體和耳朵。長期受 85～90dB 以上的雜訊侵襲，人的聽力會受損，容易患上心血管、神經性疾病。按規定，工廠的雜訊不能超過 75dB，在人晚上睡覺的時候，住宅週圍的環境雜訊不能超過 35dB。但是，紡織廠和衝壓設備廠的雜訊超標問題是個難以解決的問題。紡織廠女工說話嗓門大就是一種職業病。

(5) 振動

振動是工業中常見的環境污染因素，不僅會影響人的操作精度和耐久力，日子長了還會讓人患上職業病，會使人生理上感到不適，疲勞虛弱，降低人的視力和操作效率，增加失誤，因此工廠在工作現場必須採取減輕振動的措施。

(6) 污染

污染是一個統稱，指企業生產中由不同技術性質引起的一種現象，包括大氣污染、水源污染、土壤污染等。污染不僅對作業環境造成不良影響，而且會影響員工的身體健康，從而導致工作效率和產品品質的下降。所以，必須針對產生污染的生產過程，按照生產與環保的關係進行治理。

(7) 採光、照明

眾所週知，80%的信息是透過我們的眼睛獲得的。工作現場的光線過強或過弱都會增加人的眼睛疲勞度，降低工作效率。因此生產主管對於採光和照明要特別重視。光照條件好，會提高人的工作效率。有些企業改善了照明條件，使得生產效率提高了 10%，出錯率下降了 30%。在採光和照明時，要注意充分利用日光，因為它是最廉價的光源；要定期清掃窗戶和天窗，減少採光損失；要避免炫目的光線直射和反射；選擇適當的工作視覺背景。

(8) 安裝必要的防護裝置

在工作現場必須安裝必要的防護裝置，以避免在生產過程中因操作不當或機器出現故障而發生安全事故，如衝床保護器、光電保護器等。

4. 運用色彩

⑴設備的配色要與功能相適應

如醫療器械用白色使人有潔淨感；電冰箱與電風扇採用冷色調會使人產生涼爽感；指示燈和消防器材用紅色起到示警作用。隱蔽用色要與環境相統一，如軍用裝置多用草綠色或迷彩色。

⑵設備要與環境的色調協調

如工業機械常用蘋果綠、淺灰的單色或上淺下深的套色，其色調的明度比牆面暗而比牆裙亮些，使機器有穩重安全感。

⑶清晰的配色使顯示器或重要信號突出醒目

一些重要的儀錶用黑底白字顯示，橋式吊車或汽車吊車的起重臂、吊鉤等漆上黑黃相間的條紋，都起到突出、醒目的作用。

⑷車輛的色彩設計

車輛外部用色應給人以安全、平穩、輕巧的感覺，且易被人識別。車輛一般用明度較高的顏色。大型客車面積大，採用單色顯得單調，可用色帶或套色進行調節。色帶可使汽車整體的比例關係更為協調，以增加其造型美。套色宜上淺下深，以增加平穩感。車廂內部的色彩要有利於乘客休息，減輕旅途疲勞。常常採用無刺激的冷色調，地板採用明亮度適中的色彩，上明下暗。

⑸儀器面板的色彩設計

儀器面板上安裝的用於操作觀察的各種顯示表頭、指示燈，操作用的旋鈕、按鈕、手把等的色彩設計要醒目，便於區別。面板配色的合適與否，對能否正確發揮功能和外觀造型有很大影響。面板色彩宜用低明度、低純度的中性色，如銀灰、淺綠等單色，顯得柔和親切。面板上的元件宜採用與面板底色形成一定明亮度對比、視覺清晰、色彩調和的色彩。指示燈則採用醒目、刺激的色彩，以引起人們的注意。

在日本一些醫院裏根本不需要問路。一進門就有一個標誌，說明什麼顏色代表什麼科室，同時有各種顏色的路標來指示。例如說，藍色代表外科，那麼只需要沿著藍顏色的標誌往前走，藍色終止的地方就是外科，裏面的大夫都戴藍色的帽子，穿藍色的衣服。

總之，工地四週的顏色應該是明快的、和諧的。顏色對於提高生產效率也有很大的作用。顏色分為冷色調和暖色調，人們看到暖色調就會產生溫暖的感覺，血壓升高、心跳加快；冷色調正好相反，看到冷色調就會產生寒冷的感覺，血壓降低、心跳減慢。例如國際衛生組織規定，治心臟病的藥不能用紅顏色做，因為紅色是暖色調，容易引起人的心跳加快、血壓升高，可能會對病人形成危害。

5. 運用色彩的注意要點

⑴天花板與牆壁應該選擇相對明亮的色彩，且不反光的材料。

⑵地面和作業區以綠色為佳，墨綠或翠綠富有生命的色彩，使人鎮靜從容。

⑶通道以比較醒目的橙黃色為佳，因為它可以提示過路人。

⑷區劃線普通工廠以白線為主，堆高車的通道則以黃色線區劃為佳。

⑸不良品及消防工具的放置以紅線劃分，以提醒人們注意。

⑹休息區以相對暖色調為佳。用反射率較高、明度較高的顏色，合理採光並減少光線的損失，以得到明亮舒適高效的工作環境。

⑺工廠是生產場地，一般採用淡雅的牙黃色或果綠色。這兩色明度高、純度低，給人以柔和、舒適、明快、親切的感覺。高溫工

廠常常採用淺淡的冷色調，雜訊強烈的工廠的天花板及牆壁都應採用紫色調，人在紫色房間裏聽到的雜訊比在白色房間裏的雜訊小。

⑻安全色。安全色有四種，第一種是紅色，因為紅色波長最長，最容易被覺察，紅色一般表示「勿動」「禁止」「不容許」，如火車上的緊急制動閥、汽車上的紅色小尖錘、消防器材等。黃色表示警告、當心、不要靠近。藍色表示必須遵守，別人不要亂動等。綠色是生命色，表示可以透過、放行。若是黃黑相間的條紋，則表示不要靠近、危險。

⑼工廠配色的忌諱：忌灰黑，這是死氣沉沉的色相；忌大紅大綠、「百花爭豔」，給人以煩躁感；忌非標設備和地面一片深灰，尤其是員工的工作服採用深灰很不好，不容易發現不安全隱患。地面對環境的影響最大，要捨得給地面一點墨綠或翠綠色。

心得欄

18 檢查公司內部的生產流程

進行現場改善，需要作業研究的支援。所謂作業研究，是透過對作業者的作業分析、平面佈置分析、人和機械的配置分析、技術流程分析來研究作業者的工作效率，去掉作業中不合理的狀態，清除人和物結合不緊密的狀態，消除生產、工作現場無序狀態，建立起高效率的、合理的、人與機器緊密結合的生產秩序，從而向科學方法要效益。

企業要從各個方面追求效益，就要運用技巧，排除無效時間、多餘時間，改進作業時間，來追求效率和效益。

描述一個過程的步驟和傳遞路線的圖示叫流程圖。流程圖包括工作流程和技術流程兩大類，但實質是一樣的，用它可以把複雜的過程用形象的圖示演示出來。技術流程和工作流程是一個單位技術和工作的總路線，形象反映了技術和工作的程序，部門和工序的連接，判定和檢查的處理程序。透過分析現場生產、工作的全過程，即可以判斷那些技術流程不合理，那些地方出現了倒流，那些地方出現了停放，包括儲藏保管、停放狀態、保管手段(如儲存容器配備、貨架配備、設施條件)，有無積壓狀態？那些技術路線和環節可以取消、合併、簡化？尋找最佳停放條件，確定經濟合理的技術路線。借助「技術路線圖」，可以節省工作時間，提高效益。

技術流程像河流，如果河流淤積，就無法航行和灌溉。如果河堤漏水，就會氾濫成災，所以，既要把關堵漏，又要疏導開通。用「簡化、重排、取消、合併」的方法，改革技術，甚至調整機構，使技術流程或工作流程更順暢！

1. 根治推諉扯皮

在企業管理中，分工是一種必然要求。有分工，相關部門之間必然存在「工作交叉區」，出現管理真空。在現實生活中，「工作交叉區」內若有利可圖，相關部門往往會一擁而上，就像爭奪橄欖球一樣緊緊抱在懷裏；出了問題就像擊鼓傳花一樣想儘快把責任推到別人身上。對有利可圖的事，那個部門都積極作為，如同「搶籃球」；而那些無利可圖的事，就變成「踢足球」了，這已經成了很多低素質企業的潛規則。

根治推諉扯皮，關鍵在明責。明確責任，就是從源頭堵「漏洞」。首先，在公司機構設置、責任確定、流程傳遞上，切實實行定人、定崗、定責，避免「多龍治水」。同時，建立健全部門間的協調配合機制，「握成拳頭」，形成合力，避免畫地為牢，以鄰為壑，導致「都管都不管」。

根治推諉扯皮，尤需「亮劍」問責。推諉扯皮之所以有市場，就在於很多時候是「一推一身輕」，不做事就可保證不出事。對此，必須落實問責制度，對不作為說「不」，讓那些不做事的人保證出事。

2. 繪製工作流程圖

(1)首先可從現有的技術或工作流程調查入手，由簡到繁，從分流程開始邊調查、邊繪製，或請熟悉該流程的人勾畫出流程草圖，經過研究、討論和修改，繪製成正式的流程圖。

⑵將分流程圖根據邏輯關係合併成總流程圖。

⑶也可從總流程圖出發，分解成分流程圖。總流程圖上的一個環節或幾個環節，也許就是一個分流程圖。

⑷有條件的話，盡可能把流程圖繪製成電子版本，以便於修改和合併。

⑸凡涉及幾個部門的流程，為避免重覆和衝突，這幾個部門可商定後共用一個流程圖。

⑹流程圖草繪出來後，涉及橫向協調的單位和部門要進行精心審核和修改，以求統一。

3. 工作流程圖的先分析

⑴分析流程圖是否符合現狀，是否符合邏輯和技術要求。

⑵分析判斷流程圖每個環節的「人、機、料、法、環、檢」是否齊全、是否處於受控狀態？核對總和判定環節是否能對流程起到把關作用？

⑶分析流程圖的技術是否合理、先進？

⑷分析現有各環節是否能簡化、合併、改變、取消？

⑸各部門橫向聯繫是否到位？是否通暢？是否需要構建或增加新的通路？在流程圖上，是否事事有人幹、人人有事幹？

⑹由流程圖的各個環節及傳遞路線，分析現有各部門的工作職能是否到位，是否要對現有機構進行調整或重組？

這種由流程分析開始到機構調整為止的做法，是技術流程排查的正確做法。

4. 流程圖的檢討

流程圖是由長方框的每一步活動說明和菱形的判定框及箭頭

所指的流動方向組成的，如圖所示，看起來簡單，可是卻能解決大問題，用它來分析和改善生產流程和工作流程有一目了然的功效，有順口溜說：

框框、菱形加線條，運用起來是個寶，

任你工序多複雜，透視清楚別想跑！

加一加，嚴格把關更牢靠，

通一通，部門職能不落空，

減一減，換來效率大提高，

定一定，有規有矩不爭吵！

圖 18-1　流程圖的構成

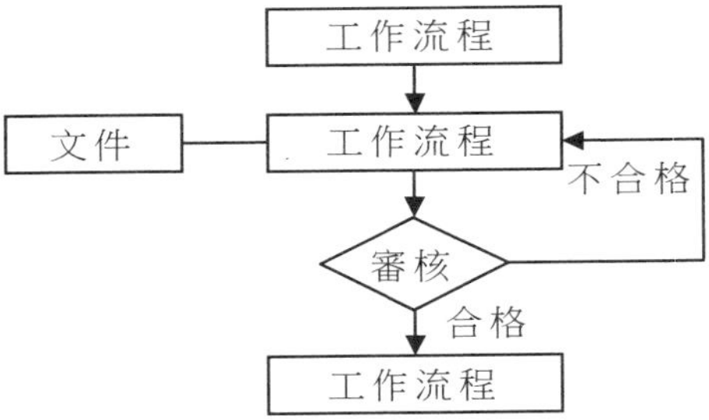

任何一項生產技術的流程，都可以分為加工、搬運、停留和檢驗四個過程，這四個過程可以用四個符號來表示，組成一些技術流程圖和技術路線圖。

(1)加工

加工工序使用的機械、模具、工夾具、輔助材料、時間、地點、加工批量的大小。提出問題：有沒有瓶頸工序？能否提高作業員的技能？能否提高設備的效率？可否合併一些作業？

⑵ 搬運

經何處、搬至何處、由誰搬運、用何方法、搬運距離、所需時間、搬運批量的大小、使用何種工位器具。能否減少搬運次數？能否縮短搬運距離？能否透過改變佈局來取消、合併、減少搬運？搬運的設備是否好用？

⑶ 檢驗

誰檢驗、在何處檢驗、檢驗內容、使用量檢具、所需時間。能否減少檢驗的次數有無可取消的檢驗？檢驗的方法是否合適？檢驗時間能否縮短？

⑷ 停留（儲存）

經何處、儲存多少、什麼形狀、停留時間、管理人員是誰。能否透過合理的生產安排來減少停留的時間？能否減少生產批量？

技術流程圖包括多種類別，按照技術流程設計的叫工序流程圖；按照零件技術設計的叫技術加工流程圖；按照設備放置平面設計的叫平面流程圖，還有流水線的流向圖等。

生產主管對每個工序進行認真調查後，統計好需要的時間、移動的距離、批量大小。透過連線法繪圖，例如，第一個工序是加工，第二個是搬運，第三個是檢驗，第四個是停留，分別用線連上，以此類推就可以得出一個簡單而清晰的技術圖。

分析時採用「六何分析法」，透過對原因、對象、地點、時間、人員、方法六個方面進行分析，就可以看出該流程是不是環節過多、過於煩瑣、缺乏先進性，分析後用「○」標示，發現問題就打「√」。然後利用簡化、取消、合併和改變這四種技巧進行相應的改善。應該改善的地方用打「△」的方法標示。

填完這個圖就能發現，那些工序可以取消，那些工序可以合併，那些工序可以換個人做，用新的工序總計能夠節省多少時間、減少多少距離等，這張圖就是一個簡單明瞭的成果報告。可以說，「認真填好一張圖，喜看成果在手中」。

如果每個生產主管和工廠主任都能夠時每一個技術流程進行細緻的分析和改善，那麼工作效率和效益肯定會有提高。

原來的技術涉及三個工廠、三道檢查關口，造成額外運輸 200 餘米，由於環節多，遇到的推諉扯皮也多，對技術流程進行了調整後，減少了扯皮和推諉，少走 200 米的距離，效率提高了三倍。

5. 總流程圖的繪製

總經理或董事長參加會議，討論流程圖的每一個細節，可在白板上修改，或用電腦和投影儀直接修改，更方便。

⑴找出現場管理常見的「七不暢」，分析原因，在流程圖上制定相應改進措施。

⑵採用取消、合併、重排、簡化的技巧，對總流程和相應的分流程進行精心調整。

⑶各有關單位參加繪製討論，發生辯論、爭吵也在所不惜，在繪製中引起的爭論，實際上就是平時經常不通不順的再現。在流程圖上看得分明、顯得清楚，無可爭辯，甚至連那些頂著不幹的人自己都覺得可笑。

⑷將問題部份刷黃，並追查原因。

⑸解決問題後刷白。再根據美化的需要對流程圖作技術上的調整。

6.貫徹流程圖的好方法——述職報告

在流程圖繪製和優化後，怎樣執行流程呢？有個好方法，就是每隔半年進行一次述職報告，從總經理開始，到每個部長、工廠主任，直到班組長。透過以下的提綱做好準備，述職報告人在台上講，下面可提出流程問題要求回答，特別是橫向不通的問題，透過這種形式可以有效促進流程圖和有關制度的落實。

· 我的職責報告
· 我如何領導下屬
· 在總流程圖中我負責什麼
· 為保證總流程圖，我有幾個分流程圖和制度
· 每月有那些重點工作
· 我如何配合友鄰部門
· 我對其他部門有何要求
· 當前的主要問題是什麼(不暢、不快、不順、不夠、下屬弱、表單缺乏……)
· 造成原因是什麼
· 下次打算，新的計劃，新的理想。

圖 18-2　某公司技術流程分析及改善示意圖

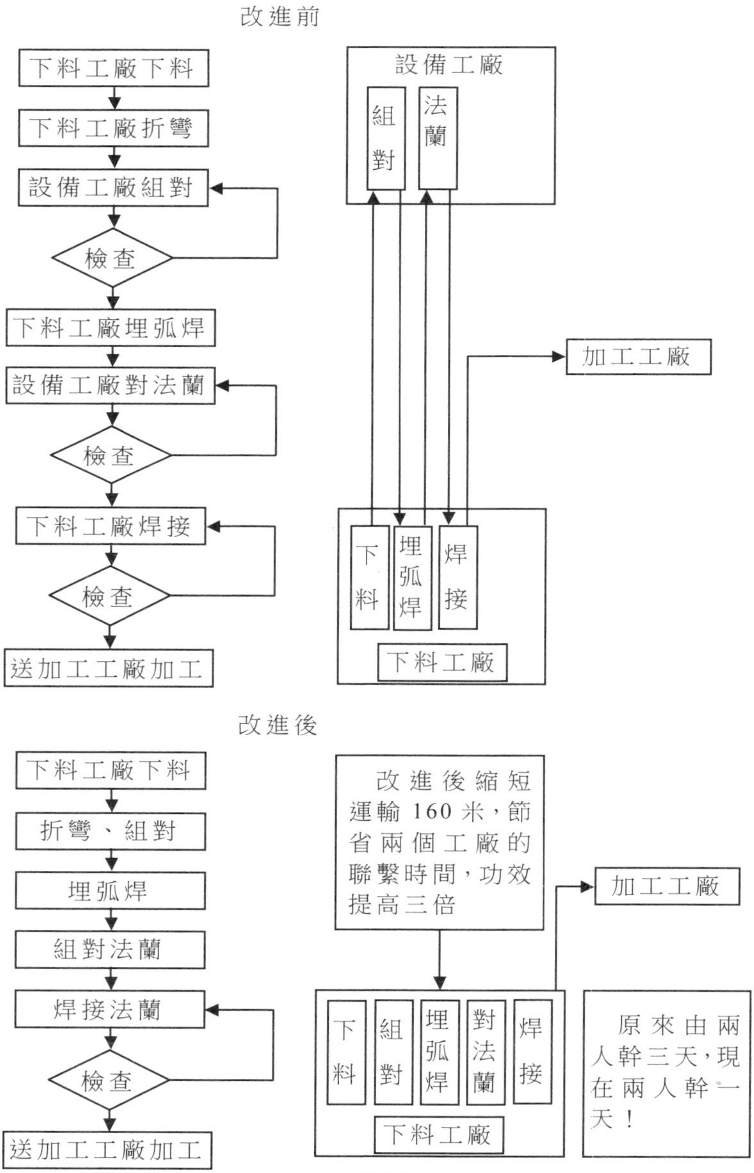

19 改善你的工廠規劃設計

在技術流程上是看不到平面佈置的，因為流程很短，一個箭頭可能走幾十米，也可能只走一米，所以還要在平面佈置圖上去找效益。有些企業或是在建廠初期就沒有對場地佈置和設備佈置進行過精心設計；或是由於生產的不斷發展，設備的不斷添置，打亂了原有生產佈局；或是由於產品結構的變化，造成了產品和工件在生產時運輸路線過長。這些都是造成浪費的因素，必須當作大事來抓。

透過合理調整工廠平面佈置，來縮短技術路線和操作者的行走距離，減少不必要的資源浪費。仔細檢查和分析工廠平面佈置圖、工廠平面佈置圖和設備平面佈置圖，分析作業方式和設備、設施的配置，按生產流程的流動方向，看是否存在重覆路線和技術倒流的情況，找出不合理的部份，調整和設計一種新的佈局，使生產流程在新的佈置圖上路線最短，配置最合理，從而向平面佈置要時間、要效益。

1. 物料流向圖佈置法

這種方法主要是按照原材料、在製品、成品等物資在生產過程中的流動方向和搬運量來進行佈置，特別適合於物料運輸量很大的工廠。如何進行佈置，要透過多種方案的計算和比較才能確定一個最優方案。最優化的方案就是要使全廠搬運量最小，特別是非相鄰單位之間的搬運量要最小。通常採用「一個流」的佈置法，如圖 19-1

所示。

圖 19-1　整體上呈「一個流」的佈置

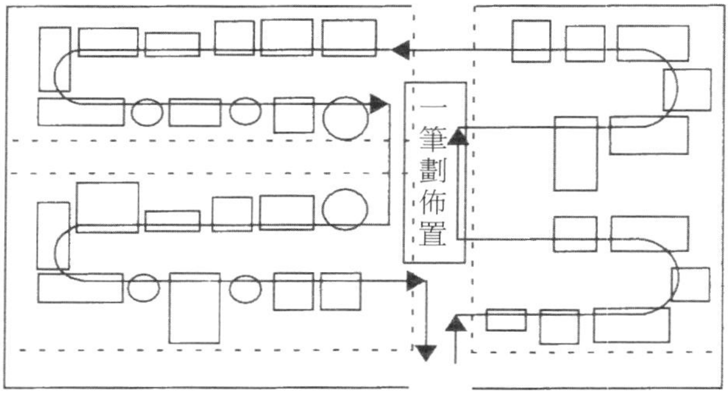

2. 工廠佈置

工廠佈置的關鍵是設備佈置，基本原則是要符合生產技術流程；儘量縮短產品在加工過程中的路線；要便於向基本生產部門提供服務。如機械加工工廠的工具室應保證領取工具方便，並與磨刀間靠近，過道設置要考慮物料運輸安全等。

一個鋁製品的加工過程，由於習慣操作，一共 8 道工序，卻搬運了 13 次。原材料從熔煉、壓鑄、超探到鑽孔、熱處理、機加工，中間經過 12 次停頓。

每個工序旁堆放著大量的在製品，結果會造成無謂的搬運和等待，而且會造成工地的擁擠，強行消除了每個工序的在製品後，除了熱處理不能取消存放和停頓外，其他工序一律不得停頓。這樣一來，不但大大提高了生產效率。還節省了一半的生產面積，實現了一舉多得。

(1)工廠佈置的原則

①必須滿足生產技術過程的要求

使原材料、半成品和成品的運輸路線盡可能短，避免迂迴和往返運輸。使生產能順流而下，有單一的流向、有較短的運輸距離、有較少的裝卸次數。把聯繫緊密和協作密切的部門儘量安排在一起。

②有利於提高經濟效益

應用「最大最小」原理，儘量減少人的活動量和物的運輸量，提高系統的生產(處理)能力。充分利用地面和空間面積，使平面佈置具有最大的靈活性和適應性，使投資費用和投產後運行費用最小。

③有利於保證安全和增進職工健康

要進行環境因素分析和危險源分析評價，認真考慮「三廢處理」。注意精密加工工廠不要和有強烈振動的工廠佈置在一起，要為職工創造優美的工作環境，做到廠區佈置整潔、美觀、暢通。圖19-2是某廠原來的縫紉機裝配工廠的平面佈置圖。

圖 19-2　某縫紉機廠裝配工廠原來的平面佈置圖

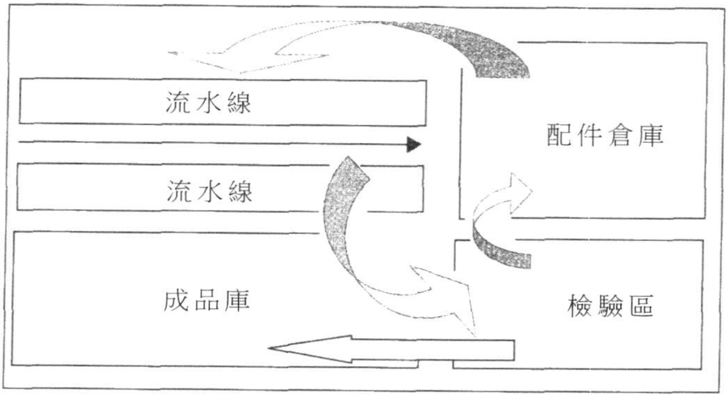

經過分析發現，反覆將產品送到檢驗區會影響工作效率，因此可以將檢驗區劃分為兩部份，如圖所示。可以把配件庫和成品庫調換位置，然後在成品庫和配件庫裏都設置一個檢驗區，這樣就省去了很多不必要的環節。

圖 19-3　某縫紉機廠裝配工廠改善後的平面佈置圖

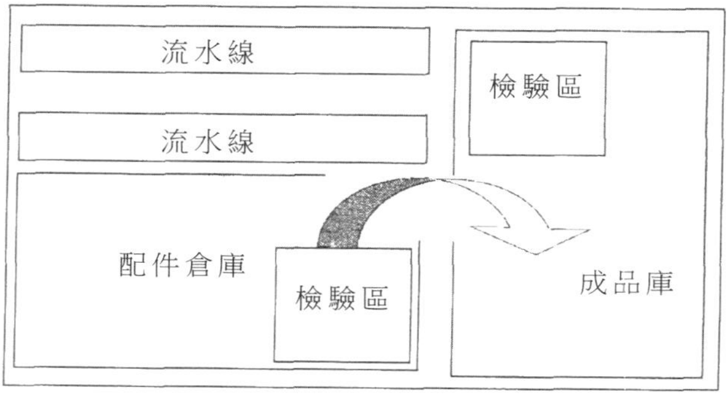

④留有發展餘地

要充分考慮到企業的未來發展，將來會有什麼樣的改建或者擴建措施，其難易程度有多大。

⑵設備佈置有三種形式

①技術專業化形式，即把同類設備佈置在一起，稱為機群制。

②對象專業化形式，即把各種不同類型的設備，按技術加工順序佈置在一起。

③混合形式，即前兩種形式的混合。

⑶設備佈置原則

①加工路線最短，人行走距離最短；

②便於運輸，如利用天車等；

③確保安全，設備之間、設備和牆壁、柱子間有一定的距離等；

④便於工人操作；

⑤充分利用工廠生產空間，例如將設備排成橫向、縱向或斜角的，不要剩下不好利用的空間。

企業的鍛工分廠原平面流程往返路線太長，第一道工序從原材料庫領出材料以後，首先到剪床工廠，由第一台剪床剪完以後，接著送到毛坯庫入庫；第二道工序從毛坯庫領出來以後，再到鍛工工廠鍛打，鍛打完了再按原路回送到第二台剪床；剪完後再回鍛工工廠加工。中間往返路線總共 206 米。實際上只要把剪床放到鍛工工廠，就完全可以省去來回往倉庫搬運的浪費(如圖 19-4 所示)。

據測算，如此一改動，就節省了 106 米，整個路線只剩下 100 米。

圖 19-4　某鍛工分廠平面流程圖

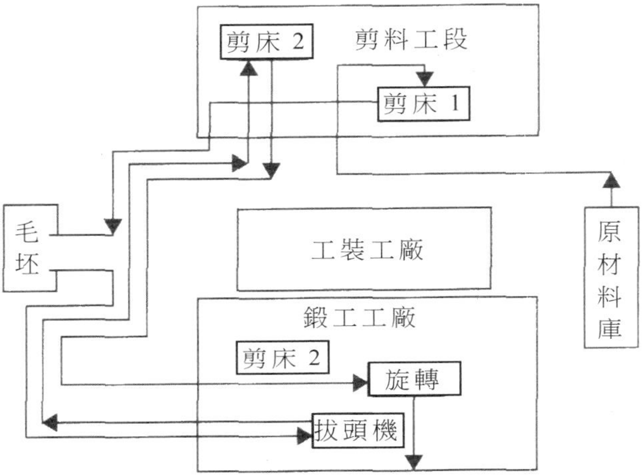

心得欄

20 現場產品製造線的重新檢討

生產主管要研究流水線的節拍和每個工序的作業時間是否平衡。如果發現不平衡，就要透過裁併、簡化、分解等手段，平衡流水線的各個過程，消除因個別工序緩慢而導致的窩工和堆積現象。

1. 檢討移動方式

流水線都是按照一定節奏往下走動的，這就有一個零件移動的方式問題，移動方式的合理與否，對於節約時間具有重要的意義。

順序移動是指幹完一批活以後移到下一個工序，但實際上完全可以不用幹完一批才往下走。我們拿四個工序進行討論，到第四個工序完成時，用順序移動的方法共需要 200 分鐘。如果變化一下，交叉進行則只需要 114 分鐘，加工時間幾乎節約了一半。有的企業在生產管理上流程不暢，主要就是生產主管不會合理排序。如果變換一下流水線的移動方式，效果就會完全不同。

企業生產現場包括以下工序：剪裁、除毛邊、鑽孔、擰螺絲、噴漆、檢查、印刷及入庫檢查，每道工序有一名作業人員。其中鑽孔是瓶頸工序，作業時間長達 30 秒。經計算，生產平衡率只有 50%，分析後，針對瓶頸鑽孔工序，將鑽孔定位的動作 8 秒分給除毛邊；利用機械裝置將擰螺絲控制為 22 秒；將檢查和噴漆合併為 20 秒；將印刷和入庫檢查合併為 15 秒，改善後為 6 個工序，平衡率為 82.6%。

圖 20-1　平衡流水線改善前後變化圖

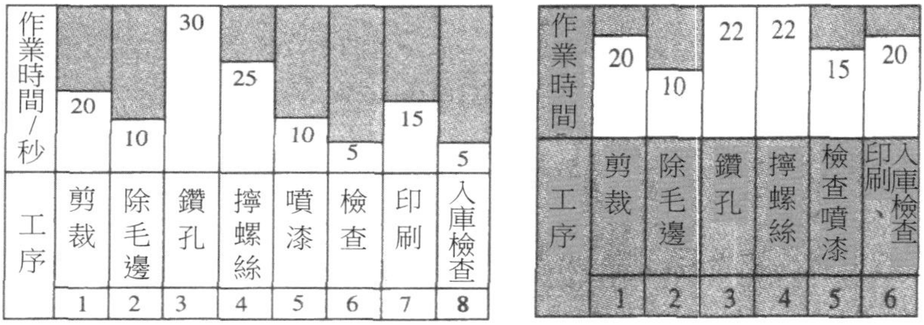

改善前平衡率 50%　　改善後平衡率 82.6%

2. 檢討流水線

一個由許多塊長短不同的木板箍成的木桶，決定其容量大小的並非其中最長的那塊木板，而是其中最短的那塊木板。同樣，在一個企業所有的工作過程中，必然存在許多相關的環節，只要找出制約企業經濟效益提高的某些關鍵環節，把其中的矛盾解決了，其他方面的矛盾也就可以迎刃而解。

在流水線上，通常是按一定的節拍往下流動的。幹得最慢的人就是決定流水線最終效率的人，這也就導致流水線效率比較低。如何解決這個問題？這就要講到流水線平衡的問題。以每個工序幹得最慢的人為標準，例如每個工序平均用時 30 分鐘，一個流程共有 8 個工序，那麼完成一個流程所用的時間總計為 240 分鐘，這就是需要的總時間。

可實際上並沒有耗時這麼多，有的人用了 10 分鐘，有的人用了 15 分鐘，這些時間加起來是實際所需要的時間。用實際需要的時間，除以總時間，就是生產平衡率。

生產平衡率＝(各工序淨作業時間之和/最長時間工序的淨作業人員×人員數)×100%

很多流水線的平衡率往往還不到 50%，如果提高幹得最慢的人的工作效率，或者把他的活兒分一部份給別人幹，使每一個人的節拍儘量一致，這樣平衡率就會大大提高，整個生產線的生產效率也會大大提高。

某皮鞋廠每條生產線日產皮鞋 2500 雙/11 小時，即每雙鞋的製造時間平均為 16 秒鐘。如果每雙鞋的製造時間壓縮 2 秒鐘，那麼日產量就是 2828 雙，效率提高 13%，8 條流水線日產量就是 22624 雙。所以，在流水線上精確計算每一個動作要領所花費的時間，就可以實實在在地提高企業的效益。

平衡生產率的目的是：縮短工序間的準備時間，透過作業員和設備的效率；縮短每一工序的作業時間，提高單位時間的產量；消除生產中間的瓶頸、阻滯，改善生產的平衡，減少工序的在製品數量；對產品的技術流程進行重排，以符合新的作業流程；在平衡生產線的基礎上實現單元生產，提高生產應變能力，實現柔性生產；透過平衡流水線，可以綜合應用程序分析、動作分析、規劃分析、搬運分析、時間分析等 IE 手法，提高全員綜合素質。

提高生產線平衡率的方法：

· 細分作業，將作業時間長的作業進一步分拆，轉移到其他工序上；
· 從其他工序轉移出部份作業內容，增加作業量；
· 合併作業時間短的工序；
· 調配經驗豐富、作業技能高的熟練工人來加強薄弱環節；

· 謀求工序機械化；

· 對瓶頸工序的部份，利用加班或其他方法來完成。

工件移動方式和生產線的節拍不當，常常是造成窩工或效率低下的根源。必須調配、改變，這是「化淤」！

流水線節奏好像劃龍船，如果劃的動作不一致，快慢不一，就會亂套。幹得最慢的工序決定了整體效率，所以我們要精心研究移動方式和平衡生產節奏，改變落後面貌。

21 動作方式重新檢討

任何操作都是以人工動作為基本單元，特別是在勞力密集型企業裏，組裝工序、加工工序等多體現為手工勞動，人工動作是產生效益的一個非常重要的因素。

要向動作分析要效益。研究工作者的動作，分析人與物的結合狀態，消除多餘的動作、無效動作或緩慢動作，如彎腰作業、站在凳子上作業、蹲著作業、沒有適合的工位器具、人與物處於尋找狀態等，透過對人的動作和環境狀態的分析和測定，確定合理的操作或工作方法；探討減少人的無效勞動、消除浪費、解決現場雜亂的有效途徑，實現人和物緊密結合，提高作業效率。

進行動作分析，最主要的目的就是消除無效的動作，以最省力的方法去實現最大的工作效率。改善動作，幾乎不用花一分錢，就可以大大提高生產效率。

管理大師泰勒 1898 年在美國的伯利恒鋼鐵公司任職，該廠僱用工人 400～600 名，每天在一個廣場上鏟煤，工人從自家帶來鏟煤的鏟子，鏟煤時每鏟重僅 1.6 千克，而鏟礦砂時每鏟竟達 17 千克，這樣的自備鏟子和不同物料的鏟重差異引起了泰勒的好奇。他想：「鏟子的形狀、大小和被鏟物有沒有關係？什麼樣的鏟子能讓工人拿了既舒服又鏟得多、鏟得快？每鏟重量為多少時才是最經濟、最有效的？」他進行了多次鏟煤的實驗：如果鏟子太大，一次鏟煤量大了，但人的腰卻受不了；如果太小，生產效率則很低。經過無數次的實驗，泰勒發現當一鏟煤重 21 磅(約合 9.7 公斤)的時候，鏟煤的效率最高。這樣，原來 400 到 600 人幹的活，現在只要 140 人就可以了，鏟每噸物料的費用減少 50%，工人的薪資增加了 60%，除去研究費用，該廠每年可節省 7.8 萬美元，使該廠的生產量大增，工人的工作情緒愉快多了。

動作經濟原則還可以另外一種方式進行研究，將基本原則分為「焦點」、「動作方向原則」、「作業場所原則」和「夾具機器原則」四項內容，從減少動作次數、謀求同時動作、縮短動作距離、使動作輕鬆簡單等動作要素來探討高效生產的秘訣。

人類的歷史從某種意義上說就是從動全身到動手指頭的歷史。操作像武打，高手過招，不差分毫，只有以最快捷的殺手直取對方要害，才能克敵制勝，容不得花架子和多餘動作。有效益的動作才是「工作」，無效的工作只能叫「動作」！抬抬眼，處處是浪費，動動腦，遍地出效益。

雙手或單手空閒、作業動作停止、動作太大、左右手交換、步行多、轉身角度大、移動中變換「狀態」、伸背和彎腰動作、重覆或不必要的動作都是常見的動作浪費。專家認為，對於大部份作業者來說，其一半時間是「無效的」。

1885 年，美國的吉爾佈雷斯開始在某建築公司工作。他驚奇地發現，每個工匠都按各自的操作方法工作，即便是同一個工匠，也不是總按同一種操作方法在工作。於是他開始尋找最佳操作方法，他分析了砌磚動作，工人每砌一磚總是先從地面拾取，同時翻動磚塊，選擇最佳的一面放在牆的外側，然後用鏟子鏟起水泥敷於堆放處，左手放好磚塊，右手再用鏟子敲擊幾下，以便固定。吉爾佈雷斯將這些動作拍成電影，經過細心研究和分析，他發現，工人每天要俯身數百下，勞動強度很大。當左手拿磚時，右手空著，使效率不高，而最後的敲磚動作純屬多餘。經過試驗，吉爾佈雷斯總結出一套新的操作方法：即磚塊運至現場時，先由薪資較低的輔助工將每筐放置 90 塊磚，而且將外觀好的一面統一放在外側，此筐子放在工人的左側，工人左手取磚時，右手同時取水泥灰漿，灰漿的濃度經過改善，無須敲擊就可以定位。這種新方法，把原來砌一塊磚需要的 18 個動作減少到 5 個動作，從而平均每人由原來一小時砌 120 塊磚提高到 350 塊磚，新方法減輕了工人的勞動強度，減少了彎腰、判斷、敲磚等動作，大大提高了工效。

我們要將動作和工作分開，沒有效益的工作叫動作，是無效勞動；創造效益的動作才叫工作。操作上不必要的動作是浪費，因此應該馬上去掉。一般說來，任何操作都包括這樣一些動作，基本類型有：作用動作，如裝配、分解、使用等；搬運動作；附屬動作，如尋找、選擇、定位等；非生產性動作，如思考、休息、停車等。為了提高生產效率，動作分析要求儘量減少附屬動作，消除非生產動作。不要在進入操作階段時再有尋找、選擇、定位、思考等行為。也就是說，動作研究的目的是透過對工人在完成某一個工序中所採用的動作進行分析，消除不必要的動作，找出最經濟的操作方法。

表 21-1　動作經濟原則與動作要素關係

基本原則	減少動作次數	謀求同時動作	縮短動作距離	使動作輕鬆簡單
焦點	尋找、選擇、準備等有無超出必需的動作	有無單手等待、保持等動作發生	動作有無過大	動作要素的數量能否減少
動作方向的原則	①消除不必要的等待 ②減少眼睛的轉動 ③將兩個以上的動作進行組合	①兩手同時開始動作、儘量不要空閒 ②兩手同時進行反向、對稱動作，利用手腕保持平衡	①用身體最合適的部位 ②用最短的距離 ③身體部份用得越少，動作時間就越短	①動作無限制，只求輕鬆簡單 ②利用重力或其他力量動作 ③利用慣性或反向動作；尤其是利用運動物體的慣性 ④動作方向轉換平滑進行 ⑤動作有節奏不易疲勞

續表

作業場所的原則	①材料和工具放在作業者面前固定的位置 ②材料和工具按作業順序的要求擺放 ③材料和工具按容易作業的狀態擺放	擺放時要兼顧兩手同時都能作業	①只要方便，作業領域越小越好 ②若要操作兩台或兩台以上的設備時，站著操作較為有利	作業位置的高度調至最佳的狀態
夾具及機器的原則	①利用便於取拿的容器和器具 ②兩個工具合二為一 ③選擇不需怎麼調整就能使用的夾具 ④儘量使用一個動作就能控制機器	①利用固定夾具來固定對象物 ②簡單的作業或是需要用力氣的作業，使用腳部控制機器 ③考慮兩手可以同時作業的夾具	①利用重力和機械力取出和運送材料 ②機器的操作位置，放在身體最容易操作的部位	①利用夾具和導向裝置，限制其運動路線；用手握取部份設計便於抓取的形狀 ②在可見部位設置調整系統，使調整輕鬆簡單 ③機器的運動方向與操作方向相同 ④工具輕便

動作分析，尤其是對以手工勞動為主體的勞動密集型企業非常重要，那麼如何實現動作經濟呢？操作者應遵循以下幾點：

(1)能用腳或左手做的就不要用右手做

因為許多工作都是用右手來做的，所以，應該儘量使用左手和腳，以減輕右手的負擔。

(2)盡可能雙手同時作業

研究表明，雙手同時作業，能夠有效提高工作效率。因此應該盡可能讓雙手同時作業，同時開始，同時結束。例如，剁餡時，兩把刀就遠比一把刀剁得快。上帝給我們兩隻手，如果我們只用一隻，豈不是浪費？

(3)不要使雙手同時休息

經常保持雙手的運動，有助於提高雙手的靈活性，故要想保持良好的狀態，就不要使雙手同時休息，空閒時應儘量想辦法讓雙手做點別的工作。

(4)盡可能用小的動作去完成

與其用軀幹來完成動作，不如用臂、腕和手指來完成動作。動作越小，意味著花費的力氣越小，動作越簡單，動作量就會減少。這是動作經濟的基本表現。

(5)合理配置和擺放材料

材料和工具要儘量放在伸手就能拿到的地方，並按照基本作業要素的順序確定適當的位置。「伸手能拿到的地方」，就是以人體中心線為軸，人的臂長為半徑的範圍，在這個範圍內，人伸手就能拿到材料和工具。在人體胸前這一空間操作，眼看、手拿是最方便的，否則，就會造成很大浪費。以一個緊固螺絲的工序為例，如果操作者將螺絲放到桌子的左上角 0.5 米處，再用右手拿螺絲刀擰螺絲，如此一天重覆 3000 次，左手一天就要移動 1500 米，一個月就是 45 公里的路程！而這個在 0.5 米處取螺絲的動作，沒有任何附加值，這就是浪費！

⑹基本作業要素的數目越少越好

減少一切不必要的動作，要知道：沒有效益的工作只能叫動作，而有效益的動作才是工作！動作距離要最短，儘量提高效率。

⑺減少工人基礎工作量

把兩個以上的工具合為一個，或者利用便於盛取材料和零件的容器來減少工作量。透過利用工具的方式，減少人的工作量。例如在飯店送菜，服務員如果配置託盤，送菜效率就會高很多。

⑻必須利用保護器具

因為人體的耐久力是有限的，所以要想保持良好的工作狀態，就需要一定的工具作保障。保護器具就是人在特殊工作情況下可以利用的工具。

⑼確定動作順序

把動作的順序確定下來，才能保證動作有節奏、自動地進行，由此提高工作的效率。生手和高手的差別就在於，生手是笨手笨腳的，高手則是熟能生巧，動作帶著舞蹈般的韻味。

⑽對稱動作

使雙手同時朝著相反方向做動作，不可同時朝著相同的方向活動，叫對稱動作。研究表明，進行對稱的運動，人不容易疲憊，所以儘量進行對稱的動作，有助於提高工作效率、避免工傷的發生。

請讀者自己做一個試驗：舉起你的雙手，在胸前做上下、前後、左右的對稱動作，然後雙手做相同方向的動作。感覺如何？你一定會覺得對稱的動作要輕鬆得多！

⑾儘量利用動力裝置

儘量利用慣性、重力、自然力和動力裝置，而不是依靠人力，可以減少人的疲憊感，提高工作效率。

⑿作業位置要保持適當的高度

為了減輕人的疲勞程度，作業位置要保持適當的高度，而這個高度事先要進行科學的分析和測量。

⒀站立式走動作業

在很多工廠的生產現場，我們都可以看到：工人們幾乎都坐著工作，他們的很多動作都屬於浪費。從精益生產的角度來講，為了調整生產節拍，有可能需要一個人同時操作兩台或多台設備，這就要求作業人員不能坐著工作，而應該採用站立走動的作業方式，這樣更有利於提高工作效率。

心得欄 ------------------------------------

22 要向搬運時間和空間要效益

要向搬運時間和空間要效益，據統計，在產品生產的過程中，搬運和停頓時間約佔 70%～80%，搬運的費用約佔加工費的 25%～40%，透過對搬運次數、搬運方法、搬運手段、搬運條件、搬運時間和搬運距離等綜合分析，儘量減少搬運時間和空間，尋找最佳方法、手段和條件。

1. 搬運非常重要

生產物流中，搬運是發生頻率最高的物流活動，這種物流活動甚至會決定整個生產方式和生產水準。在整個生產中，裝卸搬運起著承上啟下的連接作用，耗費巨大，是物流的主要功能因素，是生產物流中可以挖掘的「主要利潤源」。其內容包括裝上、卸下、移送、揀選、分類、堆垛、入庫、出庫等。

搬運分析是以加工對象的搬運距離、搬運數量、搬運方法為對象，分析加工對象空間放置的合理性，目的在於改進搬運工作，減輕作業人員的勞動強度，提高作業效率。

有個護士到病房去送飯，她開始是從食堂打一碗送一碗，每個病人都要四菜一湯，一頓飯不知道要跑多少趟，非常勞累。

後來有人建議使用託盤，一個託盤可以放四菜一湯，一次就能送一個病床的病人。再後來又有人建議使用小車，一個小車可以放好幾個託盤，這樣，一個病房裏所有病人的飯菜都可以一次送完了。

表 22-1　搬運優化的原則和方法

優化內容	優化途徑	優化原因	優化方法
物料	減少數量	排除搬運	排除中間搬運量
		減少搬運	減少容器或不用容器
搬運空間	減少次數	單元裝載	撬板化
		大量化	採用拖車
			選用大型設備
	縮短距離	直線化	改善平面佈置
		平行化	改善平面佈置
	減少路線	排除搬運	改善工廠佈置
		合併搬運	應用中間搬運
	減少次數	強力化	利用大型搬運設備
		大量化	採用工業拖車
搬運時間	縮短時間	高速化	利用高速搬運設備
		同期化	採用均衡搬運
	減少時間	增加搬運量	採用工業拖車
			利用大型搬運設備
搬運方法	管理協調	高速化	利用高速搬運法設備
		連續化	採用輸送機
		同期化	應用均衡、循環往復搬運
	非動力搬運	重力化	輸送機、傳遞帶

一般說來，貨物由零散堆放到搬運走會經歷四個步驟：集中、搬起、升起和運走，由於不同的物品搬運難易程度不同，可用搬運方便係數(活性係數)來表示。

2. 改善搬運的必要性、原則和方法

據統計，在加工費中搬運費約佔 25%～40%；在工序的時間裏有 70%～80%是搬運和停頓的時間；工廠的事故，又有 85%是在搬運過程中發生的。可見對搬運工作進行改善是非常必要的，也是非常重要的。改善搬運要從物料、搬運空間、搬運時間和搬運方法上著手：

從表 22-1 可以看出，要對搬運進行優化，在物料上要減少搬運數量和搬運次數；在搬運空間上要盡可能縮短搬運距離、減少路線和減少搬運的次數；在搬運時間上要縮短時間、減少次數；在方法上要注意管理協調。

3. 搬運方便係數

搬運過程中有很多學問。在管理學中可以用 0～4 的搬運方便係數來反映物品搬運的難易程度。

第一種情況，零件都散放在地上，這是最不方便搬運的。因為搬運的時候，首先要把這些零件放到筐裏以後才能搬，所以方便係數是 0。

第二種情況，零件已經裝到筐裏了，搬運的時候需要把它抬起來，或者用車輛運走，方便係數是 1。

第三種情況，裝在筐子下面的是一個架子，這個架子可以用堆高車叉，叉進去就能搬走，方便係數是 2。

表 22-2　搬運方便係數示意圖

放置狀態與搬運方式		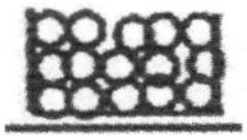		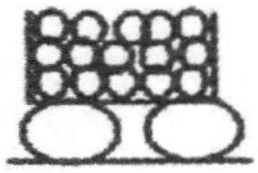	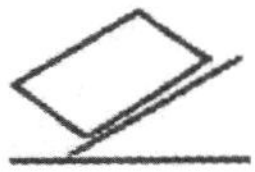
搬運方便係數	0	1	2	3	4
狀態說明	散放在地上，需經裝箱、抬起、裝車才能運走	裝入容器，需抬起裝車後，才能運走	容器放在墊板上，可用堆高車直接運走	裝入車內一堆就可運走	利用滑道或傳送帶，一放上即可運走
搬運難易	難 ————→ 易				

第四種情況，裝兩個車輪子，本身構成一個小車，一推就走，是小車式的搬運，方便係數是 3。

第五種情況，用重力和動力更加方便，方便係數是 4。

各單位要根據自己的條件，儘量採用方便係數高的手段來搬運零件。

4. 搬運損耗的原因

⑴費時費力。這是普遍存在的問題，也是造成物流損耗最主要的原因。

⑵無效搬運多。指必要的裝卸搬運之外的多餘的裝卸搬運，例如過多的搬運次數、過大的包裝搬運及無效的貨物搬運。

⑶搬運方便係數低(活性係數低)。指裝卸搬運時只圖一時的方便，將貨物散亂擺放，增加了再搬運的難度。

⑷人工搬運多。手搬肩扛，效率低，不安全，費用高，易疲勞。

⑸裝卸過程不連貫。指因搬運路線或企業其他方面的問題，使裝卸難以連貫進行。

⑹物流難以均衡通暢。指因技術流程原因或作業難以標準化等原因引起的物流不通暢問題。

⑺分散化搬運。搬運方式因裝載點、卸載點等分散或貨場內物品擺放的分散，不能在同一區域進行物流作業的現象。

⑻忽略人性化。不考慮作業人員的承受能力，隨意安排工作，致使作業人員產生逆反心理，在裝卸搬運過程中消極怠工、野蠻操作、亂堆亂放，從而產生了一系列損耗。

⑼整體效率低。由於各種原因的交互作用，導致了企業物流環節整體效率低下的局面。

5. 消除搬運損耗的對策

⑴以省力化為原則。物流包括運輸、保管、包裝、裝卸搬運、流通加工、配送等，它的理想是「零移動」，在裝卸過程中，應以省力化為原則，例如能下不往上、能直行不拐彎。

⑵消除無效搬運。利用簡化、重排、取消、合併等方法，儘量減少裝卸搬運次數、選擇最短路線，消除二次搬運。

⑶提高搬運方便係數(活性)。儘量裝箱不零放，利用堆高車搬得快，最好使用無搬運，斜坡滑梯傳送快。

⑷合理利用機械。適當利用機械手、傳送帶、懸掛鏈和滑道進行搬運。此類方式大多在物件小、數量大、總量輕、距離短的情況下使用。

⑸採用專用設備保持連貫性。具有物流能力的專業技術裝備，是可以透過技術手段實現加工、製造、反應等主要目的，而不是通

用傳輸裝備。例如煉鐵爐，各種物料依靠重力從上而下，在下降過程中，完成預熱、升溫、軟化、熔融的工序，最後變成鐵水從爐子下部流出。

⑹減少空載和等待時間。減少設備的空載和等待時間，有利於保持物料的均衡順暢。透過協同作業，實現均衡搬運，採用鐘擺式搬運、定時搬運，提高搬運設備的運轉率等。

⑺集中單元化。集中單元化可以有效降低分散化集裝帶來的損耗。具體有：利用托架進行單元化組合，利用堆高車、平板貨車增大操作單元，提高作業效率和物流活性。例如，豐田公司在搬運技術設計中，會避免使用分散化集裝，對於包裝成件的貨物，會儘量對其進行集裝處理，按照一定的原則將一定數量的貨物彙集起來，成為一個裝卸單元，再用機械進行操作，這就節省了時間。

⑻提高人性化。企業應該充分考慮裝卸搬運作業人員的操作難度，採用各種人性化的手段，如合理安排作業人員的工作量，購置設備減輕作業人員的勞動強度，提供作業的寬鬆環境等，使作業人員能認真地投人工作，降低人為原因的損耗。

⑼具體分析後採取對策。針對具體原因，採取相應對策逐一解決問題。下表提供了一個簡單的測試方法，可供企業相關人員參考。

表 22-3　企業裝卸搬運合理化程度測試表

序號	測試內容	結果
1	以最少的投入換取最高的產出	A是　B否
2	投入的機械設備和工具等符合需要，既實用又好用	A是　B否
3	裝卸搬運中幾乎沒有損耗	A是　B否
4	有效搬運方式，杜絕了野蠻裝卸	A是　B否
5	搬運環境安全，無冒險行為	A是　B否
6	搬運次數和暫時放置現象降到最低，爭取一步到位	A是　B否
7	搬運量適當	A是　B否
8	企業佈局規劃合理	A是　B否
9	作業流程合理	A是　B否
10	搬運方法上講求管理協調	A是　B否
說明：選A得10分　選B得0分		
測試分析	0～60分：說明企業在裝卸搬運上有很多不合理、不經濟的行為，需要查找原因並加以改善； 60～80分：說明企業在裝卸搬運中有部份不經濟的行為，需要針對問題進行處理； 80～100分：說明企業在裝卸搬運中問題少，要繼續努力。	

6. 合理化搬運

合理化搬運沒有什麼衡量標準，它只是表明一種趨勢，因為絕對合理化是沒有的。但是，我們可以總結出一些規則，大致有以下幾點：

· 盡可能少的投入和盡可能高的產出；
· 投入的機械、設備工具必須適用、好用；
· 儘量使用工位器具搬運；
· 要做到對被搬運物料幾乎無損耗；
· 搬運方法要科學，杜絕野蠻粗暴的方式；
· 搬運環境安全、適可，杜絕冒險；
· 減少搬運次數，減少暫時放置現象的發生幾率，盡可能做到一步到位；
· 掌握合適的搬運量；
· 合理規劃工廠佈局；
· 合理化規劃流程。

心得欄

23 改變生產運作的關鍵路線

利用關鍵路線法就能迅速找出「瓶頸」，對工作進度實行高效管理。在生產管理活動中，品質和時間都是不可缺少的重要管理項目。在生產現場，常常出現有的員工忙得要死，有的員工閑得要命，有的加班加點，有的無事可幹的現象。怎樣保證產品的交貨期？怎樣在規定的日期裏保質保量地完成任務，減少等待、窩工現象？怎樣縮短工程項目進度？這是每個管理者都會遇到的難題。

1. 關鍵路線法(PERT)

關鍵路線法又名網路技術(PERT)、箭條圖法或臨界路線法(CPM)，利用它可以精確計算各項工程、計劃、項目的日程及工作的總日程，明確各項目之間的聯結關係，找出最吃緊的關鍵路線。然後採取措施，不斷修改和優化計劃，縮短關鍵路線，達到縮短日程、節省費用的目的。因此，關鍵路線法在生產技術領域正得到越來越廣泛的應用。

學習關鍵路線法要抓住三個關鍵：首先，根據已知條件和各項目之間的制約關係，會畫網路圖；其次，根據已知的日程推算和確定關鍵路線；再次，採取措施優化關鍵路線，調整、壓縮其他路線，達到時間、費用的綜合優化。簡單地說，就是要做到三會：會畫、會找、會優化，否則，只是從概念到概念，弄不好就會一團亂麻，理不清頭緒。

關鍵路線法的特點是：

⑴易於檢查和推敲計劃方案，找出瓶頸，重新制訂最短、最佳計劃。

⑵胸懷全局，迅速及時處理在實施過程中出現的情況變化和計劃變更所帶來的問題。

⑶能使計劃精確到每天和每小時，克服生產線上忙閑不均的局面，使生產更為均衡。

⑷目標明確，重點突出，可以進行高效的管理。

⑸計劃規模越大，其優越性越明顯。

2. 生產線為什麼會不平衡

我們已經「會畫」，現在進入「會找」階段，首先看看生產線為什麼會不平衡？

圖 23-1　兩條不同的生產線

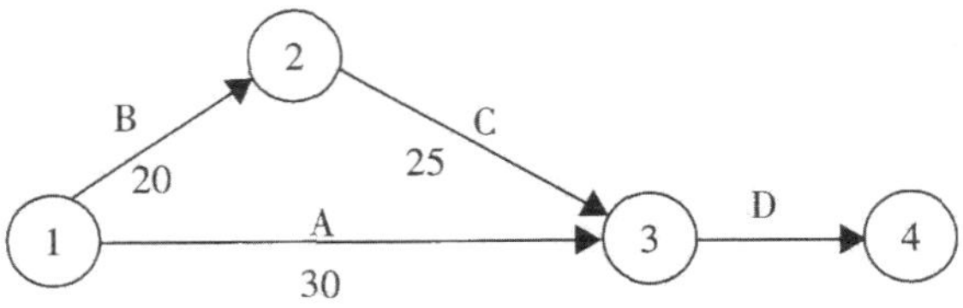

如圖 23-1 所示，由結點①到結點④有 2 條作業線路，第一條是①→②→③→④，總計 60 天，第二條是由①→③→④，總計 45 天。但工程進展到⑤時，如果 C 作業線未完成，就無法進行 D 作業線，所以總天數應是 60 天，而不是 45 天。這樣一來，A 作業線有 15 天空餘時間，我們將其叫做富餘天數，而在 B、C、D 作業線上就沒有一點富餘量，工作很吃緊，是瓶頸作業線，這條線路叫關鍵線路

或臨界線路。在此基礎上，我們應設法調整人力物力，增加 B、C、D 作業線投入，例如用兩台機床或兩倍人員完成 B 作業線，整體就可縮短 10 天。

雖然這個例子比較簡單，但是再複雜的關鍵線路圖也具有同樣的道理，這就是：在箭條圖中有若干條不同的線路可到達終點，其中日程最長的線路就是關鍵線路。其他線路就是富裕線路，如果不縮短關鍵線路或設法改變富裕線路，就會出現忙閑不均的局面。有差異就有辦法，找出關鍵線路是取得成功的第一步。

至此，我們可以理解以下幾個概念了。

(1) 最早（最遲）開始日程：指能夠開始作業的最早（最遲）日程。

(2) 最早（最遲）結束日程：指作業最早（最遲）結束日程。在 A 線上，最早開始時間是 0，最早結束時間是第 30 天，最遲開始時間是第 15 天，最遲結束時間是第 45 天，而在 BC 線上，最早開始

和最遲開始都是 0 天，最早結束和最遲結束都是 45 天。網路技術規定：最早開始（結束）和最遲開始（結束）的時間差為零的線路叫做關鍵線路。

生產管理的目標就是找出關鍵線路，然後設法去縮短它！

3. 作業時間的估算

在計劃階段，對沒有進行過的工序或工作時間 T 要進行估算，估算的公式為：

$T=(a+4m+b)/6$

其中 a 為完成該作業可能需要的最短時間，b 為最長時間，m 為最可能需要的時間。在估算時要預先把節假日、週末或天氣的影響考慮進去，也可憑實際經驗求標準天數，然後靈活運用。

例如，某工序最短完成時間為 3 小時。最長需要 4.5 小時，最可能需要 3.7 小時，則平均為 T＝(3+4×3.7+4.5)/6＝3.72 小時。

4. 怎樣縮短關鍵線路

(1) 時間優化

就是在人力、設備、資金等有保證的條件下，尋求最短的工程週期，以縮短時間，迅速發揮投資效果。

時間優化的具體措施有以下三種：

①利用時差，從非關鍵線路上抽調部份人力、物力到關鍵線路，縮短關鍵線路的延續時間。

②分解作業，增加作業之間的平行交叉程度。

③在可能的情況下，增加投入的人力和設備，採用新技術來縮短工程週期。

(2) 時間-費用優化

工程項目的費用支出可以分為直接費用和間接費用兩部份。直接費用是指與各項作業直接有關的費用，在採取時間優化的第三種措施時，要增加直接費用支出，即工程週期越短，直接費用越大。間接費用是指管理費用等不與各項活動直接有關、但隨工程週期變動而變動的費用，工程週期越短，間接費用越小。時間-費用優化就是尋求直接費用和間接費用之和最低時的工程週期。

(3) 時間-資源優化

是在人力、準備等資源有一定限制的條件下，尋求最短工程週期，或在工期有一定要求的條件下，透過資源平衡求得工期與資源需要的最佳組合。

5. 關鍵線路法的主要用途及實例

關鍵線路法的主要用途是：

· 制訂新產品開發的推行計劃及監控其進度；

· 制訂產品的改良計劃及監控其進度；

· 制訂日程管理計劃及監控其進度；

· 推行大生產的日程計劃及監控其進度；

· 制訂工廠遷移計劃及監控其進度；

· 制訂高效率計劃。

24 如何操作機器

在現場生產中，人和機器有幾種情況。一種是一人操作一台機器，一種是一人操作數台機器，還有的是數人操作一台機器或數人操作數台機器。人和機器是一對矛盾，處理不好就會你等我、我等你。在機械加工中，一個作業者負責一部或幾部機械，一旦機械全部轉動時，作業者就會處於「無所事事」的狀態，或是出現相反的情況，作業者手忙腳亂，機器不能發揮效率。遇到這種狀況，必須分析作業者與機械的生產狀態，調查作業者與機械的「無所事事」是如何引起的，再想辦法減少作業者及機械「無所事事」的狀態。

1. 人機聯合分析

人機聯合分析是應用於機械作業的一種分析技術，以記錄和考察操作者和機器設備在同一時間內的工作情況，尋求合理的操作方法，分析各種不同動作的相互關係，使人和機器的配合更加協調，以充分發揮人和機器的工作效率。

有個冰箱公司實行流水線作業，工作強度很大，不斷有員工因為工作強度太大而辭職。

請來一個韓國的專家，韓國專家對這個公司的總經理說，公司的工作生產率仍有潛力可挖，因為現在的利用率只有63%。總經理當時很驚訝，說這麼緊張的流水線利用率竟然只認為有 63%？

這個韓國專家拿出一整套的數據，具體說出了那個地方停了單，那個地方因為什麼又出了故障，等了多長時間等，這樣一算，利用率果然只有 63%。透過改善流水線，該廠在不加大勞動強度的情況下，一個星期內流水線利用率就提高到 75%，最終提高到了 83%。由此，該公司的效益也提高了。

人機聯合分析的目的是使「人與機械」、「人與人」的組合作業關係明顯化，以此找出「等待」及「賦閑」的時間，謀求作業的改善。用較少的人數以及較短的時間，一面謀求作業負荷均等，一面使作業員能夠舒服地完成作業。具體來說，有以下幾個方面：

· 發掘空閒與等待時間；
· 取消作業員的等待時間，使每人的業負荷均等；
· 縮短週期時間；
· 取消機器空閒時間，獲得最大的機利用率；
· 適當地指派人員與機器；
· 決定使用最恰當的方法。

2. 人機聯合分析著眼點

⑴當作業者在「等待」時

①縮短機械自動運轉的時間，改善械的運作等。

②找找看有沒有在自動運轉中能夠時從事的其他作業，不要讓雙手閑下來。

⑵當機械在「賦閑」時

①縮短作業者單獨作業的時間。

②改善和縮短必須動手做的作業時間，實現徒手作業的自動化。

⑶當作業者、機械都在「賦閑」時

①重新編制作業次序。

②考慮到 1 及 2 項的著眼點。

⑷當作業者、機械都在忙碌時

要改善作業者及機械的作業，人和機器能不能同時工作呢？該表記錄了某台機器和操作者的聯合動作，由此表可知，在現行的方法中，人和機器都沒有被充分利用，人停了 4 分鐘，機器也停了 4 分鐘，人和機器的利用率都只有 60%。

表 24-1　人機聯合分析表(一)

<table>
<tr><th>時間/分</th><th>人</th><th>機</th></tr>
<tr><td>1</td><td rowspan="2">準備零件</td><td rowspan="2">空閒時間</td></tr>
<tr><td>2</td></tr>
<tr><td>3</td><td>裝上零件</td><td>被裝上零件</td></tr>
<tr><td>4</td><td rowspan="4">空閒時間</td><td rowspan="4">加工</td></tr>
<tr><td>5</td></tr>
<tr><td>6</td></tr>
<tr><td>7</td></tr>
<tr><td>8</td><td>卸下零件</td><td>被卸下零件</td></tr>
<tr><td>9</td><td rowspan="2">休整和存放零件</td><td rowspan="2">空閒時間</td></tr>
<tr><td>10</td></tr>
<tr><td>利用率</td><td>60%</td><td>60%</td></tr>
</table>

心得欄 ------------------------------

如表所示，經過第一次改進，人停了 2 分鐘，機器也停了 2 分鐘，人和機器的利用率提高到 75%。

表 24-2　人機聯合分析表(二)

時間/分	人	機
1	裝上零件	被裝上零件
2	準備下一個零件	加工
3		
4	空閒時間	
5		
6	卸下零件	被卸下零件
7	休整和存放零件	空閒時間
8		
利用率	75%	75%

如表所示，經過再改進，人和機器都可以不停，利用率達到了 100%。

表 24-3　人機聯合分析表(三)

時間/分	人	機
1	裝上零件	被裝上零件
2	休整和存放零件	加工
3		
4	準備下一個零件	
5		
6	卸下零件	被卸下零件
利用率	100%	100%

此時，還是同樣的設備、同樣的人，原來每小時生產 6 個產品，現在每小時生產 10 個產品。這種消除空閒的分析方法，我們可以形象地稱其為「人機效率提一提」。

日本豐田公司所有的設備生產都是按一個節拍進行的：由後道工序推動前道工序來進行，中間沒有在製品，不需要存放的倉庫，所有進貨都是由電子電腦控制在一個地方進貨，一個地方出貨，富餘出來的空間則做成學習室或者休息室。

豐田公司採用的 JIT(準時生產制，又稱無庫存生產方式、零庫存或者超級市場生產方式)生產方式的優越性表現在以下幾個方面：

第一，所需的人力資源，無論是在產品開發、生產系統還是公司的其他部門，與大批量的生產方式相比，可減少 1/2。

第二，新產品開發週期可以縮短 1/3 到 1/2，生產過程中的庫存可以減少到大批量生產方式下正常水準的 1/10。

第三，在同一天同一個生產現場，可以同時生產 3000 種不同的產品。這就是豐田 JIT——準時化生產和精益生產的魔力所在，如圖 24-1 所示：

從效果來說，觀看運行中的豐田生產系統就像欣賞一件賞心悅目的作品。工人們遵循以下四條工作原則：清掃、分類、篩選、整潔。豐田公司的裝配廠已經形成了一種比較活躍的氣氛：員工的每個動作都有明確的目的，沒有員工偷懶現象。在一般的工廠，你也許會看到一堆堆未加工完的零件，裝配線因故障停下來，工人站在那裏無所事事。而在豐田公司，生產過程就像設計好的舞蹈，工人看上去就像舞蹈演員：取零件，進行安裝，檢查品質……這一切都是在和諧一致的環境中進行的。正是從各種細節入手，日本的汽車品質得以全面提高，雄霸世界汽車場。

圖 24-1　豐田生產方式與大批量生產方式效果對比

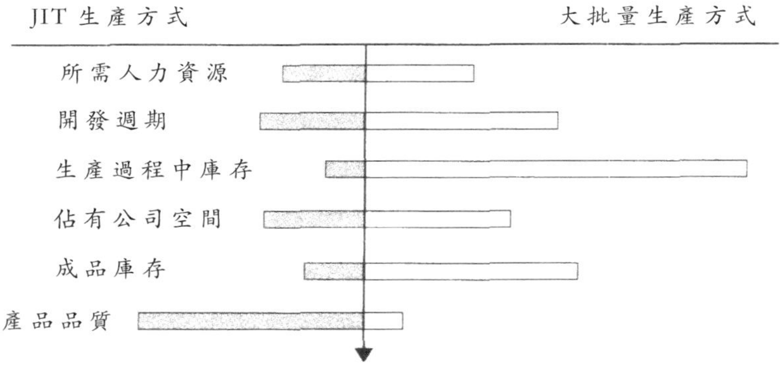

人和機器像夥伴，只有緊密合作才有效率，如果你幹我不幹，你等我，我等你，就談不上效率。設備佈置距離要更短、更人性化，要適應設備加工的規律，要利用設備加工的時間和空間提高人的效率，改變操作者無所事事的局面。

25 現場生產作業環境的改善

分析生產、工作環境是否滿足生產、工作需要和人的生理需要，析現場還缺少什麼物品和媒介物，針對不同類別場所的問題，分別提出進建議，開展「整理、整頓、清掃、清潔、素養、安全」六項活動。

現場管理由人、物、場所三個要素構成：物料管理，人員管理，場所管理。班組是企業的前沿哨所，只有把班組管理做好，整個企業才能進步，才能有堅實的基礎。而班組管理的基礎又建築在定置管理上，定置管理是班組管理的基礎。

一、人、物、場所的最佳結合

分析了人、物、場所三種狀態，將它們組合起來以後， 良好的現場管理要求做到：

· 生產均衡、調度有方；

· 作業標準、品質保障；

· 隱患消除、設備正常；

· 物料定置、流動通暢；

· 節能降耗、安全預防；

· 原始記錄、信息暢通；

· 作業環境、潔淨明亮；

· 紀律嚴明、士氣高昂。

能在這樣的環境裏生活和工作，是一件非常愜意的事情。

推行 5S 活動說起來又非常簡單，只要真正做好了整理、整頓、清掃、清潔、素養、安全的活動，企業的社會滿意度自然而然就會增加。

二、定置管理的特點

定置管理是一項以人的主觀能動性和始終如一的責任感為基礎的群眾性基礎管理，涉及面廣，影響因素多，必須克服傳統觀念、舊的作風、習慣勢力、管理惰性等影響，培養一種良好的作風。要把定置管理的觀念變為企業職工自覺、持久的行動，這是一項非常艱巨的任務。

為確保環境品質，就要做好定置管理的活動，即 5S。

只有整理沒整頓，物品真難找得到；只有整頓沒整理，無法取捨亂糟糟；整理整頓沒清掃，物品使用不可靠；清潔出來獻一招；標準作業練修養，公司管理水準高。

1. 整理

生產過程中經常有一些殘餘物料、待修品、待返品、報廢品等滯留在現場，既佔地方又阻礙生產，如果不及時清除，會佔用有限的空間，使寬敞的工作場所變得窄小；使棚架、櫥櫃等減少使用價值；增加了尋找工具、零件等物品的困難，浪費時間；物品雜亂無章地擺放，增加盤點的困難，成本核算失準。

表 25-1　6S 活動的內容與目的

中文	日語的羅馬拼音	內容	目的
整理	SEIRI	整理物品，明確判斷要與不要，不要的堅決丟棄	作業現場沒有放置任何妨礙工作或有礙觀瞻的物品
整頓	SEITON	將整理好的物品明確規劃、定位，並加以標識	可以快速、正確、安全地取得所需要的物品
清掃	SEISO	經常清潔打掃，保持乾淨明亮的環境	工作場所沒有垃圾、污穢、塵垢
清潔	SEIKETSU	維持以上3S工作，使其規範化、標準化	擁有整潔乾淨、明亮清爽的工作環境
素養	SHITSUKE	自覺遵守紀律和規則	養成講禮儀、有道德、自覺遵守紀律等習慣
安全	SECURITY	重視全員安全教育，每時每刻都有安全第一觀念，防患於未然	建立起安全生產的環境，所有的工作都應有安全保證

①整理的目的。

整理是對物品進行區分和歸類，將工作場所任何東西區分為必要的與不必要的兩類，並明確地、嚴格地區分開來。將不必要的東西儘快處理掉，將不經常使用或很少使用的物品放在高處、遠處乃至倉庫中去。整理後應達到的目的是：騰出空間，精簡現場，充分利用空間；節約時間，減少無用的管理；防止誤用無關的物品；營造清爽的工作場所。

表 25-2　整理判定分類基準表

<table>
<tr><th>類別</th><th colspan="2">使用頻度</th><th>處理方法</th><th>備註</th></tr>
<tr><td rowspan="3">必需品</td><td colspan="2">每小時</td><td>放在工作台上或隨身攜帶</td><td></td></tr>
<tr><td colspan="2">每天</td><td>現場存放(工作台附近)</td><td></td></tr>
<tr><td colspan="2">每週</td><td>現場存放</td><td></td></tr>
<tr><td rowspan="8">非必需品</td><td colspan="2">每月</td><td>倉庫存儲</td><td></td></tr>
<tr><td colspan="2">三個月</td><td>倉庫存儲</td><td>定期檢查</td></tr>
<tr><td colspan="2">半年</td><td>倉庫存儲</td><td>定期檢查</td></tr>
<tr><td colspan="2">一年</td><td>倉庫存儲(封存)</td><td>定期檢查</td></tr>
<tr><td colspan="2">二年</td><td>倉庫存儲(封存)</td><td>定期檢查</td></tr>
<tr><td rowspan="2">未定</td><td>有用</td><td>倉庫存儲</td><td>定期檢查</td></tr>
<tr><td>不需要用</td><td>變賣/廢棄</td><td>定期清理</td></tr>
<tr><td colspan="2">不能用</td><td>廢棄/變賣</td><td>立刻廢棄</td></tr>
</table>

②整理的方法。

按整理判定基準分類並清除不需要的物品。需要的物品，如下：

· 正常的設備、機器、照明或電氣裝置；

· 附屬設備(滑台、工作台、料架)；

· 台車、推車、堆高機；

· 正常使用中的工具；

· 正常使用的辦公桌、工作椅、使用中的工具櫃、個人工具櫃和更衣櫃；

· 尚有使用價值的消耗用品；

· 原材料、半成品、成品及尚有利用價值的邊角料；

· 墊板、膠桶、油桶、化學用品、防塵用品；

· 使用中的垃圾桶、垃圾袋、清潔用品；
· 使用中的樣品；
· 辦公用品、文具、有用文件、圖紙、作業指導書、報表；
· 推行中的海報、目視板、看板；
· 飲水機、茶具；
· 最近三天的報紙、未枯死發黃的盆景；
· 其他物品。

將不要的東西按「整理判定分類基準表」規定的方法處理並定期檢查。不需要的物品，簡單列舉如下：

· 廢紙、灰塵、雜物、煙灰、油污、蜘蛛網；
· 不再使用的設備、工夾具、模具；
· 不再使用的辦公用品、垃圾桶；品袋等雜物；
· 破墊板、紙箱、抹布、包裝物、空的飲料瓶、食品袋等雜物；
· 過時的定置線、標識。
· 老舊無用的報表、帳本、破舊的書籍、報紙、文件袋；
· 損耗的工具、餘料、樣品；
· 無用的勞保用品、需丟棄的工作服；
· 過期的海報、公告物、標語、亂寫亂畫的字跡、殘留的張貼物；
· 損壞的提示牌、燈箱、時鐘、更改前的部門牌；
· 工作台上過期的作業指導書；
· 不再使用的老吊扇。

2. 整頓

①整頓的目的。

整頓是將現場經過整理留下來的物品有條理地定點、定容與定量放置，使工作場所整整齊齊，需用之物隨手可取，方便尋找，營造一個整齊的工作環境。

②整頓的推行要領。

A. 整頓要做到任何人特別是新員工或其他部門的員工都能立即取出所需要的東西。

B. 對於放置處與被放置物，要易取放、易歸位，如果沒有歸位或誤放應能馬上知道，要在畫線定位、放置方法和標識方法上下工夫。

C. 貫徹整頓的原則：定點、定容、定量。

· 定點：放在那裏合適。

· 定容：用什麼容器、顏色。

· 定量：規定合適的數量。

③整頓的方法。

A. 用 5W1H 方法發現存在的問題。首先，用 5W1H 法對現場進行分析，尤其是對平面佈置、搬運路線和物品擺放要進行分析，從中發現問題。其次，對問題追根溯源，一直分析到能採取措施為止。

B. 合理放置，方便取放。對製造業來說，作業的對象大多是物流。對流動的物件，整頓並不在於單純的碼放整齊，而是要使物件拿出容易、放回方便，有明確的秩序讓人一目了然，容易查找和歸位，也就是我們常說的「看得見的管理」。為此，對佈局的設計和工位器具的設計是整頓的重頭戲。

在工作場地使用的零件和材料有很多是相似的，整頓時尤其要注意避免混淆。辦公室的文件和資料也要擺放合理，更要記在腦子裏。爭取在一二分鐘內取出所需文件和資料。

C. 整頓結果的標識。整頓完成後，為了能立即拿到使用的物品，可利用標牌、指示牌等予以標識。

安全標識可用規定的圖示符號或圖片表示。

指示牌內容應清清楚楚指明物品名稱、分類、數量、存放位置或由誰使用等。總而言之，標識的目的是明確「是什麼」和「在那裏」，讓人一目了然。

表 25-3 責任區整頓要求

序號	對象	定位方法	標識要求
1	區域線、通道線等，包括主通道、次通道	在6S定置管理責任圖中畫出（每6個月更新繪製）	①主通道線寬80mm，通道40mm；②主通道黃色，次通道白色
2	轉道車等運輸工具、汽車等	設定存放區域，予以畫線定位	區域標識、6S管理標籤等
3	產品及原材料、物資	設定存放區域，予以畫線定位	按ISO9000程序要求，用標識卡陽區域標識
4	設備、設施	固定、非固定的畫線定位	設備標識牌、6S管理標籤
5	工裝、夾具、模具	設定存放區域，予以畫線定位	工裝標識卡、區域標識、6S管理際簽
6	清掃用具	專用存放櫃（設定），鉤掛定位	區域標識、6S管理標籤

續表

7	垃圾箱及其他容器	設定存放區域、畫線定位	區域標識、6S管理標籤
8	材料架、儲物櫥櫃等	設定存放區域，畫線定位	區域標識、6S管理標籤、物品明細及標籤等
9	工作台	設定存放區域，畫線定位	區域標識、6S管理標籤等
10	辦公室	設定存放區域，6S圖畫出定位	6S定置管理圖、6S管理標籤、物品明細標籤
11	垃圾場、廢料場	設定存放區域	區域標識、6S管理標籤
12	作業區、辦公區	畫線定位、柵欄定位	區域標識、6S管理標籤
13	工具、檢具	工具箱、工具車、工具架、必要時畫線定位	刻號標識、物品標籤等
14	室外	6S管理責任區圖、畫線定位	區域標識、6S管理標籤等
15	辦公室及辦公用品	6S管理責任區圖、畫線定位	物品明細標籤、6S管理標籤等、區域標識
16	車庫	6S管理責任區圖、畫線定位	物品明細標籤、6S管理標籤等、區域標識
17	洗手間	6S管理責任區圖	6S管理標籤等、區域標識、提示語

3. 清掃

「清掃」是將工作場所清掃乾淨，保持工作場所清潔、亮麗，使生產現場處於無垃圾、無灰塵、無污染的狀態。尤其是強調高品質、高附加價值產品的製造，更不容許有垃圾或灰塵的污染。需要指出的是：清掃不是額外負擔，它本身就是工作的一部份，而且是所有員工都要用心來做的工作。

消除髒汙和污染源，使工作現場乾乾淨淨、明明亮亮。消除不利於產品品質、成本、工效和環境的因素。維護設備的正常運行，減少對員工的工業傷害。

這裏的「清掃」不是指突擊性的大會戰、大掃除，而是要制度化、經常化的打掃，每位員工都要從身邊的事做起，再擴展到現場的每個角落。

清掃分五個階段來實施：

A.清掃從地面開始，向牆壁和窗戶擴展。

清掃要從地面開始，向牆壁、窗戶、櫃子等擴展，從大到小、由表及裏，不斷地清掃灰塵、油污、廢棄物。要堅持日清掃、週掃除、月評比，有條件的企業在清掃活動中應採用塗料和油漆粉刷設備和環境，使其色彩協調和諧。創造一個溫馨的工作環境，讓作業者每天都以愉快的心情投入工作。

B.按定置管理規定標識區域和界線。

清掃之後，要按 A、B 定置管理圖的規定，劃分作業的場地和通道，以及標識物品的放置位置。A 區用紅色標示，B 區用黃色標示，C 區用黑色標示，對空閒區域、小件物品區域、危險和貴重物品區域等也要用顏色予以區別(見定置管理圖的規定)。還應充分利用色彩管理達到透明直觀的效果，例如，廢品區用黑色；運輸設施用橘黃色；起重設施用黃黑相間色；自來水管用黑色；煤氣管道用中黃色；蒸氣管道用大紅色；暖氣管道用銀灰色等。

C.調查和清除污染源。

清掃就是使工作現場沒有垃圾、沒有髒的東西，但更重要的是設法找出污染的源頭，清除污染源。污染大部份來自設備和管道的跑、冒、滴、漏現象，如刮大風時帶來的灰塵或砂粒；搬運散裝物品過程中可能出現的洩漏等。發現和清除污染源，可以透過手摸、眼看、耳聽、鼻聞或儀器測試等辦法。

D.設備的清掃。

設備一旦被污染就很容易出故障，並縮短使用壽命。為此，對設備、工裝和工具要堅持定期清掃和檢查，保持本色和整潔。對設備、工裝、模具、工具、工位器具等進行擦洗，做到物見本色。現代化大生產中，設備越大，自動化程度越高，清掃和檢修所花費的時間就越多。

E.建立責任制。

建立清掃責任制和清掃責任區，保持清掃工作日常化，杜絕污染。

4.清潔

清潔就是保持整理、整頓、清掃的成果。營造潔淨的工作場所，提升公司形象，提升產品品位。

要做到這一點，公司應動員全體員工持續參加整理、整頓活動，所有人都要清楚該幹什麼。在此基礎上，將員工達成共識的內容，形成專門的手冊或類似的文件和規定。

①實施清潔的方法和要領。

A.制定專門的手冊，要明確以下內容：規定作業場所地面的清掃程序、方法和清掃後的狀態；確立區域和界限的劃分原則；規定設備的動力部份、傳動部份、潤滑、油壓、氣壓等部位的清掃、檢查程序及完成後的狀態。

B. 制定目視管理的基準。

C. 制定檢查考核辦法和獎懲制度。規範人的行為，固然要靠教育，但也要靠強制。定置管理和 5S 活動是和人們的懶惰、不衛生習慣格格不入的，像隨地吐痰、亂扔煙頭、亂扔廢紙等陋習，往往要靠強制的辦法去消除。

D. 高階生產主管經常帶頭巡查，帶動全員重視 5S 活動。

E. 制訂清掃計劃，規定責任者及日常的檢查程序和方法。

②明確清潔的狀態。清潔的狀態包括三個要素，即乾淨、高效、安全。

清潔狀態具體包括：地面的清潔、窗戶和牆壁的清潔、操作台上的清潔、工具和工裝的清潔、設備的清潔、貨架和放置物品處的清潔。

③定期檢查。除了日常工作中的自檢，還要定期檢查。一是檢查現場的清潔狀態，二是檢查現場的圖表種指示牌設置是否有利於高效作業，三是檢查現場物品的數量是否適宜。

5. 素養

一切活動靠人，如果員工缺乏遵守規定的習慣，或者缺乏積極主動的精神，5S 活動就不易堅持，最終只會流於形式，成為一句口號而已。

素養就是培養員工自覺遵守生產現場規定的好習慣。員工除了要做到生產現場和設備的整潔外，還要保持個人和個人工作環境的整潔。

①素養的目的。在改變員工自身素養的同時，也提升了企業的形象，營造了良好的企業環境，更重要的是能形成良好的企業文化，使新進廠的員工在這種企業文化的薰陶下，自覺維護公司形象，也會自覺提高自己的素養。

②培養素養要領。要做到有「素養」，必須做好以下幾方面工作：

· 制定服裝、臂章、工作帽等識別標準。

· 制定共同遵守的有關規則、規定、作業指導書。

· 制定禮儀守則，如《員工手冊》。

· 教育培訓，強化新員工培訓。

· 推行各種精神昇華活動(如班會、禮貌運動等)。

素養就是透過教育，使大家養成能自覺遵守規章制度的習慣，做到按規章辦事和自我規範，進而延伸到儀表美、行為美等，最終達成全員「品質」的提升。

6. 安全

安全就是透過制度和具體措施來提升公司和生產主管的安全管理水準，以防止災害的發生。安全是現場管理的前提和決定性因素，沒有安全，一切都失去了意義。

①安全的目的。保證職工的生命安全；保證生產系統正常運行；建立系統的安全體制；減少企業損失。

②安全的五個方面。

A. 徹底推行 5S 管理，因為安全管理主要取決於整理、整頓、清掃的品質。如果工作現場油污遍地、淩亂不堪，就會造成安全隱患。

B.要在安全隱患的識別和分析上下工夫。例如在分析高空作業是用安全繩還是用吊籃時，要分別列出可能產生的各種問題，從而採取一系列預防措施，為了不漏項，要列出危險源識別項目表，利用大家的智慧來發現和解決問題。

C.要設立標識(警告、指示、禁止、提示)。

D.要定期制訂消除隱患的改善計劃。

E.建立安全巡視制度。

③安全標識。

A.安全顏色。安全顏色是用來表示禁止、警告、指令、提示等安全信息的顏色，它的作用是使人們能夠迅速地發現和分辨安全標誌，提醒人們注意安全，以防事故發生。標注安全顏色是防止事故發生的成本低且操作簡單的方法。

安全顏色通常有紅、黃、綠三種顏色。

紅色：表示禁止、停止。機器設備上的緊急停止手柄、按鈕及禁止觸動的部位通常都用紅色表示，紅色也表示防火。

黃色：表示必須遵守的指令。

綠色：表示可通行的指示，說明處於安全狀態，可以通行。工廠的安全通道，人和車輛的通行標誌等都用這一顏色。

安全顏色只有在為了達到安全目的和表示安全含義時才稱安全顏色。

紅色與白色間隔條紋的含義是禁止越過，如交通、公路上用的防護欄杆。黃色與黑色間隔條紋的含義是警告、危險，如工礦企業內部的防護欄杆、吊車掛鉤的滑輪架、鐵路和公路交叉道田上的防護欄杆等。

②安全標識。安全標識是國際通用的信息，通常是指安全標誌和安全標籤，是由安全色、幾何圖案和象形圖形符號構成，以表達特定的信息。

安全標識分為禁止標誌、警告標誌、指令標誌和提示標誌。

禁止標誌的含義是禁止人們有不安全的行為，其基本形式是帶斜杠的圓形圖形。圓環和斜杠是紅色，襯底為白色。

警告標誌的含義是提醒人們注意週圍的環境，以避免可能發生的危險，其基本形式是正三角形邊框，三角形邊框及圖形符號為黑色，襯底為黃色。

指令標誌的含義是強制人們必須做出某種動作或採取防範措施，其基本形式是圓形邊框。圖形符號為白色，襯底色為藍色。

提示標誌的含義是向人們提供某種信息，其基本形狀是正方形邊框。圖形符號為白色，襯底為綠色。

安全標誌牌應該設置在醒目的地方，人們看到後有足夠的時間來注意它所表示的內容。安全標誌不能設在門、窗、架子等可移動的物體上，因為一旦這些物體移動後，安全標誌就不起作用了。

26 參加或主持每日早會

早會是生產工廠在每天上午上班前開的班前會，主要目的是安排當日工作，提醒當日工作的注意事項；對昨天的工作做總結；目視檢查員工的出動情況和員工的精神面貌；傳達上級的指示精神等。

1. 準備工作

生產經理每天下班前 30 分鐘，坐在辦公桌前靜下心來，對工廠當日的工作進行檢查、反省：

⑴對未按計劃達成的事項記錄在案，制定補救措施。

⑵對當天本工廠（或其他工廠）出現的違規行為或發生的各類事故進行記錄在案，同時制定糾正預防措施。

⑶對明天的工作進行統籌安排，對明日工作可能出現的情況進行預測，有必要還要制定預防措施並向全體員工予以提醒。

將以上的事項在早會提綱上進行記錄，以便明天開早會時用於提示。

表 26-1 工廠早會提綱

工廠		生產經理		日期	
生產計劃的完成情況檢查：					
生產現場管理檢查：					
技術紀律、工裝夾具、設備管理的使用執行情況檢查：					
違反公司、工廠規定行為檢查：					
明日的工作安排及預訂措施：					

2. 當日工作

生產經理在上班前 15 分鐘提前進入工廠，再次檢查生產現場，復習昨天早會提綱，在工廠門口站立等候員工的到來。7：00準時集合全體人員。

根據班組或員工的身材高低順序排好隊形，隊形要整齊，員工雙手背後，挺胸收腹，目光注視生產經理，精神煥發；隊形排好後要穩定，一般不予經常變動。

生產經理目視隊形 15 秒，目光堅定有神，同樣雙手背後，挺胸收腹，精神煥發；

生產經理大聲並真摯地向員工問好：早上好！

要求員工大聲並真摯地回答：早上好！（或經理好！）

生產經理點名，開早會：

生產經理根據昨天的早會提綱，進行講解……

早會儘量簡短，原則上不超過 15 分鐘。

早會任何人不得以任何藉口缺席，確實有事必須先請假；生產經理有事，必須交代好職務代理人，並由職務代

27 每日工作安排與落實

忙！忙！忙！忙些啥？

忙著組織生產計劃實施工作，忙著制定和執行作業標準及技術流程，忙著督促有關按技術標準製作，並及時向業務部門提供樣品，忙著協調各班組的生產分配，忙著擬訂生產計劃和交貨期，忙著追蹤正下單原輔材料，忙著組織生產工廠生產安全管理工作，忙著解決生產現場中出現的各種問題……

生產經理在制訂當日工作計劃前，要對當日時間和工作事項進行分析，根據工作事項的緊急性、重要性按先後順序排列，保證優先完成重要緊急事項。

1. 時間清單分析

生產經理將一天的法定工作時間，按照每 30 分鐘為一段，進行分段，然後逐項填寫實際活動事項。在活動事項後，填入該活動事項相應的計劃用時、實際用時、超時及超時原因。

如果有跨時段工作，只需要填入開始時段就可以。因為透過實際用時欄，可以清楚地瞭解跨時段工作的時間。

表 27-1　時間清單分析表

姓名：　　　　　　　　　　　　　　　　日期：

序號	時間	活動事項	計劃用時	實際用時	超時	原因
1	8：30～9：00					
2	9：00～9：30					
3	9：30～10：00					
4	10：00～10：30					
5	10：30～11：00					
6	11：00～11：30					
7	11：30～12：00					
8	12：00～12：30					
9	12：30～13：00					
10	13：00～13：30					
11	13：30～14：00					
12	14：00～14：30					
13	14：30～15：00					
14	15：00～15：30					
15	15：30～16：00					
16	16：00～16：30					
17	16：30～17：00					
18	17：00～17：30					
19	17：30～18：00					
20	總計					

2. 工作事項分析

(1)工作清單分析

生產經理分析一個法定工作日內所做的工作事項，各自用時如何。可以採用工作清單分析。

①將所有工作填入工作事項欄。包括累計用時超過 10 分鐘的工作，如果沒有超過 10 分鐘可以不填入。例如到生產工廠檢查工作，上午 20 分鐘，下午 30 分鐘，可以將此累計在生產工廠巡視這一事項中。

②填入具體事項，如「到採購部瞭解某物料採購情況」,「與品質部共同討論如何減少不良品出產」,「聽取班組長改善交貨期延遲對策及已延遲交貨期補救方法」,「處理生產中出現異常情況」等。

③原因只要簡單說明浪費、延遲的原因即可。如向總經理彙報下個月生產計劃，預計 30 分鐘，但由於沒有確認本次彙報用時，結果花了 40 分鐘，超時 10 分鐘。

表 27-2　工作清單分析表

姓名：　　　　　　　　　　　　　　　　日期：

工作事項	計劃時間	實際時間	浪費/延遲	無計劃用時	原因

(2)工作(活動)分項分析

①生產經理可以將工作清單中的事項合併同類項，然後填入工作分項分析表中。

表 27-3 工作（活動）分項分析表

姓名：　　　　　　　　　　　　　　　　日期：

分析事項	計劃用時		實際用時		浪費/延遲		無計劃用時		原因
	用時	排序	用時	排序	用時	排序	用時	排序	
召開部門早會									
到生產工廠現場巡視									
給供應商打電話									
查看去年同期生產情況									
上網查詢其他公司產品品種									
起草安全生產計劃									
向總經理彙報工作情況									
聽取下屬工作彙報									
接待來訪客戶									
各工廠作業分配									
進行生產安全大檢查									
……									
總計									

②「無計劃用時」只計算無計劃用時總計數。各項工作活動的無計劃用時，是指該項工作活動實現沒有計劃時間。

③凡是超計劃用時或者是記不起來的用時均計入「浪費/延遲」中。

⑶工作緊急性分析

生產經理分析出每天工作緊急程度，根據緊急程度安排工作先後順序。可以將工作事項緊急性分為四類，將當日工作進行安排，列出一個分析表，如表 27-4 所示。

表 27-4　工作緊急性分析表

姓名：　　　　　　　　　　　　　　　　日期：

緊急性／工作事項	非常緊急（馬上要做）	緊急（短時間內要做）	不很緊急（可從長計議）	不緊急（無時間要求）
某工廠設備出現問題，導致人員受傷	√			
對生產工廠所有設備進行檢查		√		
制定生產工廠人員安全操作規範			√	
生產工廠現場推行 5S 活動				√
……				

註：在相應的欄目下打「√」。

⑷工作重要性分析

生產經理將當日工作事項根據重要程度，安排工作用時。同緊急性一樣，將工作事項分為四類，即非常重要、重要、不很重要、不重要，如表 27-5 所示。

表 27-5　工作重要性分析表

姓名：　　　　　　　　　　日期：

重要性／工作事項	非常重要（絕對要做）	重要（應該做）	不很重要（可做可不做）	不重要（可不做）
安排人員生產急單產品				
排除生產異常狀況				
制定各級生產人員品質責任				
建立生產設備台帳				

生產經理對於工作時間和工作事項的分析，同樣可以靈活運用於每週、每月、每季工作中。

3. 制訂每日計劃表

生產經理根據前面對工作時間和事項分析之後，就可以制訂一份個人每日工作計劃表。每日計劃表可以按照不同標準來製作，如按照時間，工作事項緊急重要性等。

⑴工作時間

表 27-6 是某公司生產經理的每日計劃表，僅供參考。

表 27-6 每日工作計劃表

時間		預定工作內容	執行結果
上午	8：45～9：00	參加部門早會，告知下屬當日各分工廠生產任務，進行生產作業分配，強調安全事故預防以及事故緊急自救方法	
	9：00～12：00	(1)到生產工廠瞭解插單產品生產情況 (2)與人力資源部經理溝通員工招聘情況 (3)到倉儲部瞭解物料儲備信息 (4)向總經理彙報某產品生產改進計劃	
中午	12：00～10：00	午休	
下午	13：00～14：00	(1)檢查員工下午出勤情況，是否所有人員都準時到齊 (2)到採購部瞭解 A 物料採購情況 (3)到倉庫領取 B 物料，並瞭解其存量	
	14：00～16：00	(1)瞭解有那些產品延遲交貨期 (2)研究已延遲交貨期產品補救方法 (3)瞭解同行業及產品市場的動態，收集信息	
	16：00～17：00	(1)檢查員工操作方法是否正確 (2)對生產工廠設備進行檢查 (3)檢查員工勞動紀律 (4)對現場看板進行檢查	
	17：00～18：00	(1)生產物料接收與分發 (2)生產工廠生產情況匯總檢查 (3)制定生產日報表 (4)下班前的 5S 活動 (5)下班前對工廠再次進行巡視檢查，尤其是門鎖的關閉、水電的關閉情況	
加班			

每日工作計劃要在每天固定時間制訂，最好是前一天下班之前就做。在第二天工作時，完成一項工作畫掉一項，同時注意要為應付緊急情況留出時間。

現在，你可以制訂一份自己的每日工作計劃表，對自己一天事項進行合理安排。

表 27-7　我的每日工作計劃表

時間		預定工作內容	執行結果
上午	8：45～9：00		
	9：00～10：00		
	10：00～11：00		
	11：00～12：00		
中午	12：00～13：00	午休	
下午	13：00～14：00		
	14：00～15：00		
	15：00～16：00		
	16：00～17：00		
	17：00～18：00		
加班			

⑵工作事項緊急重要性

生產經理可以根據工作事項緊急重要性，對當日工作事項進行排序，如表 27-8 所示。

表 27-8　我的每日工作計劃表

姓名：　　　　　　　　　　　　　　　　　日期：

類別工作事項	重要且緊急	緊急不重要	重要不緊急	不緊急不重要

28 解決工廠問題，生產主管要如何溝通

一、往上層的上級指示

1. 聽上級的指示

上級委派任務時，應該認真聆聽，並且真正瞭解上級的意圖和工作重點。如果你接收錯了工作指示，誤解了上級的意圖或要求，就只會浪費氣力。因此，你應該認真地接收上級指示，有助於制定自己的工作內容，你可以嘗試運用傳統的「5W2H」方式，快速而準確地記錄工作要點。

· WHAT：做什麼事？

· WHO：誰去做？

· WHEN：什麼時候做？什麼時候結束？

· WHERE：在什麼地方做？

· WHY：為什麼要做？

· HOW：怎樣去做？

· HOW MUCH：要花多少錢？

接收了上級的工作指示後，馬上整理有關的記錄，然後簡明扼要地向上級覆述一次，主要檢查內容會是否有錯漏，或者是否有容易產生歧議之處，當獲得上級的確認後，再進行下一個環節。

如果上級所委派的只是一項簡單的任務，你可以簡單地表明個

人的態度，那就是請上級放心，你可以按時完成任務；如是一件較為困難及複雜的工作，你便應該有條理地向上級闡述開展工作的方法及預算的計劃內容，並且徵求上級的指導或建議。開展工作的時候，也需要繼續向上級彙報，提出工作所需的人手及資源調配、費用開支的情況等，以便獲得上級的答覆和尋求解決方案。

2. 向上級彙報的要點

表 28-1　彙報的要點

序號	要點	說明
1	精簡	不要帶著邀功的心態，極力強調你的工作難處。此外，要把彙報做得簡明扼要
2	有針對性	彙報的內容要與原定目標和計劃相對應，切忌漫無邊際
3	從上司的角度來看問題	使彙報的內容更為貼近上司的期望
4	尊重上司的評價，不要爭論	爭論需要三個階段：提出問題的焦點，提出持不同觀點的理由，尋找解決問題的途徑。而在彙報時，根本沒有時間把爭論進行到第三階段，因而上司也就無法贊同你的觀點
5	補充事實	在彙報完後，一般上司會給予評價，從中可以知道上司對那些地方不很清楚，你可以補充介紹，或提供補充材料，加深上司對你所彙報工作的全面瞭解

正式向上級彙報工作一定要隨身帶個筆記本，彙報時上級需要你補充的部份或者修正的部份可以隨時記下來。

非正式場合向上級彙報時要記下關鍵指示，以便在工作中有所改進。

二、對下層部屬的指示

1. 對部屬指示的具體內容——5W2H

表 28-2　對部屬下達指示的注意事項

序號	注意點	說明
1	方式選擇要得當	下指示時可用口述、電話、書面通知、托人傳遞等，但能當面談話的就不要打電話，能打電話的就不要書面通知(規定文書除外)，能書面通知的就不要托人傳遞
2	先詢問再指示	發出指示、命令之前，可以先從向員工詢問一些相關的小問題開始，透過員工的回答，把握其對所談話題的興趣度、理解度之後，再把你的真實意圖講出來
3	不做傳話筒	除了絕對機密情報之外，對員工應說明你發出該指示命令的原因，而且是在自己認識、理解之後發出去的，不要做一個傳話筒
4	讓員工覆述你的命令	在下達完後一定要讓員工當你的面將指示、命令覆述一遍。另外，最好是能將所發出的指示、命令在工作日記本上寫下來
5	指示更改時要說明原因	已發出的指示、命令，有時不得已要重新更正，應加以說明

沒有具體內容的命令，往往使員工無所適從。要麼不去做，要麼靠自己的發揮想像來做，必然導致結果出現偏差。那麼，怎樣下指示才能有效呢？

完整地發出命令要有 5W2H 共七方面的具體內容，這樣員工才能明確地知道自己的工作目標是什麼。只有 5W2H 明確了，執行人員就一定會按照指示要求將事做好。

2. 聽取員工的彙報

生產部主管在聽取員工的工作彙報時要注意以下要求：

表 28-3　聽取員工彙報工作時的注意事項

序號	要點	說明
1	應守時	如果已約定時間，應準時等候，如有可能可稍提前一點時間，並做好記錄要點的準備以及其他準備
2	要平等	應及時招呼彙報者進門入座。不可居高臨下，盛氣淩人，大擺官架子
3	要善於傾聽	當員工彙報時，可與之目光交流，配之以點頭等表示自己認真傾聽的體態動作
4	要善於提問	對彙報中不甚清楚的問題可及時提出來，要求彙報者重覆、解釋，也可以適當提問，但要注意所提的問題不至於打消對方彙報的思路。不要隨意批評、拍板，要先思而後言
5	不可有不禮貌行為	聽取彙報時不要有頻繁看表或打哈欠、做其他事情等不禮貌的行為。要求下級結束彙報時可以透過合適的體態語或委婉的語氣告訴對方，不能粗暴打斷
6	要禮貌相送	當下級告辭時，應站起來相送。如果聯繫不多的下級來彙報時，還應送至門口，並親切道別

三、如何有效溝通的技巧

表 28-4　隨時開展有效的溝通的內容

內容	溝通方面	內容
1	階段性工作重點和方向	在向員工通報工作重點和方向時，可以請員工就此闡述自己該如何配合工作，具體方案如何，實施過程中可能會遇到那些困難，需要提供那些幫助等
2	重大事件	如經營業績取得重大突破、工作獲得表揚和廣泛認可等
3	個人表現優異的具體方面	員工個人在工作中的閃光點，作為管理者一定要能發現並明確地提出表揚，那怕是一個很細小的方面
4	需改進的方面及具體改進方案	有些工作可能做得也不錯，但不是盡善盡美，可能有其他人做得更好，作為生產部經理，可以就此引導員工進一步努力做到更好，或和員工一起探討改進的方向和改進方案的可行性
5	明確對員工工作上的期望，明確說明其工作重要性	注意發現員工工作尤其是階段性工作重點的切合點，說明其工作完成效果對公司整體工作完成的影響和重要程度，以加強員工對本職工作的重視和熱愛，提升其使命感
6	對工作方法、思路上自己的建議和個人經驗	員工在工作上可能存在不完善之處，作為生產部經理，應該給員工多提些建議，可以在工作方法、思路上給予提醒，將自己遇到類似問題時的處理方法介紹給員工作為參考
7	對工作過程中存在的問題和改進的建議	及時發現內部協作環節的問題，只針對具體事實進行溝通，可以就自己知道的內容向員工做出解釋，以消除誤會和隔閡，但不要進行盲目歸納和總結，更不能脫離事實妄加評論

溝通就是將信息傳遞給對方，並期望得到對方做出相應反應的過程。如果沒有信息或觀念的傳遞，溝通就不會發生。

只有雙向的才叫做溝通，任何單向的都不叫溝通。因此溝通的一個非常重要的特徵是：溝通一定是一個雙向的過程。

四、生產部門需要立即進行溝通的情況

當工作中出現下列情況，生產部主管應意識到，需要立即與員工進行溝通了。而在其他時刻，生產部可以隨時與員工進行溝通，內容和形式可以靈活掌握，注意採取適當的方式和方法。

表 28-5　需要立即進行溝通的情況

序號	情況	說明
1	階段性績效考評結束之前的績效溝通	這是最重要的一種溝通形式，也是最必須的
2	員工工作職責、內容發生變化	這種情況下，需要向員工解釋具體那些內容發生了變化，變化的原因是什麼，這種變化對公司有什麼好處，同時徵求員工對這種變化的看法，最後要對變化後的工作職責、內容進行重新確認
3	員工工作中出現重大問題或某個具體工作目標未完成	注意溝通時的語氣，要本著幫助其發現原因或認識到錯誤本質的目標，向員工表明溝通的目標是解決問題和幫助其在工作上有所提高，而不是為了追究責任，希望其能坦誠分析原因
4	員工表現出現明顯變化，如表現異常優異或非常差	(1)對表現優異的，要對表現突出的方面及時提出表揚，並可適當瞭解和分析其出現變化的原因，以加強和延續其良好勢頭 (2)對表現非常差的。要向其指明表現不佳的現象，詢問其遇到什麼問題，幫助其找出原因和制訂改進措施，並在日常工作中不斷給予指導和幫助

續表

5	員工薪資、福利或其他利益發生重大變化	要說明變化的原因，不管是增加還是減少，都要解釋公司這麼做的依據。尤其是減少時，更要闡述清楚公司對調整的慎重態度，並表明什麼時間會再次做出調整，調整的依據是什麼
6	員工提出合理化建議或看法	(1)如建議被採納，應及時告訴員工並進行獎勵，明確指出建議對公司發展的幫助，對員工提出這麼好的建議表示感謝 (2)如建議未採納，也應告知未採納的原因，表明公司和生產部經理本人對其建議的重視，肯定其對公司工作的關心和支援，希望其繼續提出合理化建議
7	員工之間出現矛盾或衝突時	要瞭解和分析出現矛盾的原因，進行調解，主要從雙方的出發點、對方的優點、對工作的影響等與雙方分別進行溝通。涉及其他部門人員時，可以請其他部門經理幫助一起做工作
8	員工對自己有誤會時	作為一名合格的生產部經理，首先要檢點自己，看自身工作有無不妥或錯誤，如有則列出改進方案或措施，向員工道歉並說明自己改進的決心和措施，希望其能諒解
9	新員工到崗、員工離開公司時	(1)新員工到崗，生產部經理要與其確定工作職責和工作內容，明確工作要求和個人對他的殷切希望。透過溝通，對個人情況進行瞭解，幫助其制訂學習和培訓計劃，使其儘快融入團隊 (2)員工辭職時，也要進行充分溝通，對其為公司所做貢獻表示感謝，瞭解其辭職的真實原因和對公司的看法，便於今後更好的改進工作
10	員工生病或家庭發生重大變故時	作為生產部經理和同事，應關心員工的生活，瞭解和體諒其生活中的困難，並給予力所能及的幫助，培養相互之間的感情，而不是單純的工作上的關係

29 使用 P-D-C-A 管理循環

PDCA 是管理循環，是全面品質管理所應遵循的科學程序。具體來說，PDCA 是指：P——Plan，計劃；D——Do，實施或者執行：C——Check，檢查或者總結；A——Action，行動或處置。全面品質管理活動的全部過程，就是品質計劃的制訂和組織實現的過程，這個過程就是按照 PDCA 循環不停頓地週而復始地運轉的。

圖 29-1　PDCA 循環圖

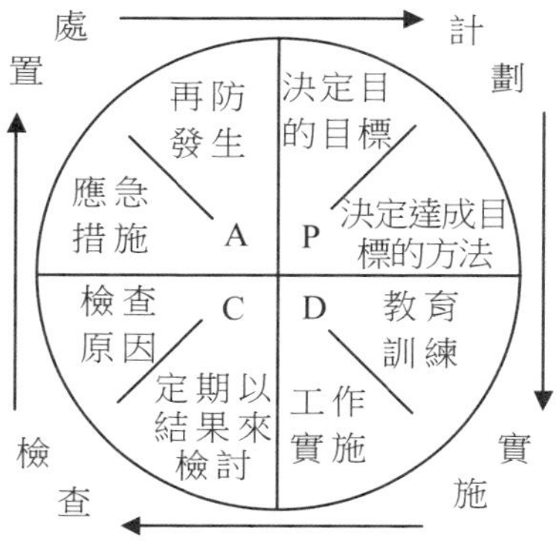

PDCA 循環分為四個階段,即 Plan(計劃)、Do(執行)、Check(檢查)和 Action(處理)。

⑴ P：計劃階段，指確定方針、目標以及制訂活動計劃。

⑵ D：執行階段，具體運作，實現計劃的內容。

⑶ C：檢查階段，總結執行計劃的結果，分清那些做對了、那些做錯了，明確效果，找出問題。

⑷ A：處理階段，對檢查的結果進行處理。成功的經驗要加以肯定，並予以標準化或製成作業指導書，便於員工在以後工作時遵循；對於失敗的教訓也要總結並給出改進方法，以免問題重現。

PDCA 循環的過程，它與醫生看病有相似之處：一般醫生看病都只開兩天的藥讓病人吃，等過了兩天，若病人的症狀有所減輕就可以繼續吃藥，直至痊癒；若症狀並無明顯改善甚至加重就需重新診治。我們解決問題也一樣，誰也不能保證所有問題只透過一個 PDCA 循環就可以解決。

小問題能折射出大智慧，這其中也包含著管理的學問。作為管理者，在具體管理的過程中，要在問題還沒發生時就把它解決掉，至少也要在問題剛剛發生且影響還不是很大時就把它解決掉。

那麼，在 PDCA 循環中，那個環節是可以避免問題發生的？是計劃。計劃是在工作或行動前預先擬定具體內容和步驟，提出一些可能出現的問題並提供解決的方法。它能有效協調工作人員的行動，增加其主動性，減少盲目性，使工作能按部就班地進行。同時，計劃本身又是對工作進度和品質的考核標準，能對工作人員起到較強的約束和督促作用。

計劃是對工作的預期，那麼，那一個環節可以讓工作人員在問題剛剛出現時就找到癥結所在？是檢查。檢查讓我們在問題剛剛發生，但還不是很明顯時就能發現它並找到解決的方法。

所以，計劃與檢查在 PDCA 循環中是最重要的兩個環節。作為生產管理者，每天都應該做計劃。計劃不一定要寫下來，但一定要

在大腦中有明確的規劃。例如，今天要做什麼工作、怎樣進行這項工作、工作中會出現什麼問題、出現問題應如何處理，等等。有了計劃以後再讓員工去執行，在員工執行過程中，生產管理者要及時檢查，如果發現問題，要及時處理並要求員工改進。

在一家企業的生產工廠的看板：今天裝配線計劃總數是 1 萬個，上午 8：00～10：00 是××個，10：00～12：00 是××個，下午 14：00～16：00 是××個，16：00～18：00 是××個。

表格中有兩組數據：一組數據表示計劃要達成的目標，另一組數據表示實際完成的情況，這就是檢查。檢查的目的就是看員工的工作到底有沒有按照計劃來執行。

總之，生產管理者一定要抓住計劃、檢查這兩個環節。只有這兩個環節都把握好了，才可能成為一個合格的管理者。如果管理者每天都在做實施的工作，那就不是稱職的管理者，只是一個超級員工，因為如果管理者去做實施的事情，就沒有人做計劃和檢查的工作了。

一、PDCA 循環的步驟

⑴分析現狀、發現問題

生產管理者在做計劃時一定要分析現狀，查找工作中存在的問題，例如品質問題、安全問題、效率問題，等等。分析的目的是為了找到問題癥結所在，使制訂的計劃更具針對性和操作性。

⑵找到各種影響因素

根據分析的結果，找到影響問題的因素。影響問題的因素很

多，生產管理者需要從不同的角度，用諸如魚骨圖、5WIH、4M 等方法進行分析。

⑶找準主要因素

把所有影響因素找出以後，就要分析主要因素是什麼。大家應該明白，問題的產生固然受很多因素的影響，但是，各種因素的影響程度是不均衡的。例如，影響問題的因素有十個，根據二八原則，其中大概有兩三個是主要因素。只有找到主要因素才能夠徹底解決問題；如果找不到主要因素，是沒辦法解決問題的。

⑷根據要因採取措施

分析完主要因素以後，接下來要做的就是採取措施解決問題。在思考如何採取措施時，我們可以採取 5W1H 分析法來確定。所謂 5W1H 即 Why、What、Where、Who、When 及 How 五個英文單詞首字母的縮寫，分別指為什麼要制訂這些措施、制訂這些措施要達到什麼樣的目標、這些措施應該在那些部門實施、由誰來實施、什麼時候實施以及怎麼實施。

其中，Why 和 When 是最重要的兩點。只有明白了為什麼要這麼做，才有可能進行以後的一系列步驟：也只有明白實施措施的時間，才有可能把事情做好。這就好比，我準備成為百萬富翁，但如果沒有確定什麼時候實現這個目標，那就永遠不可能實現。換句話說，對每個目標都必須設置實施的期限，沒有期限的目標等於沒有目標。

表 29-1　5W1H 分析法

5W1H	內容
Why	為什麼要制訂這些措施
What	制訂這些措施要達到什麼樣的目標
Where	這些措施應該在那些部門實施
Who	由誰來實施
When	什麼時候實施
How	怎麼實施

在必要的時候，還可以給 5W1H 再加上一個 H，即 How much，意為實施這些措施需要多少錢。因為即使措施再好，如果投入與產出比失衡，這些措施也沒有實施的必要。

⑸按照計劃執行

根據計劃進行具體的執行工作，執行一般由員工去完成。

⑹執行完成要檢查

檢查就是將完成的結果與之前計劃要達到的目標進行對比。

⑺標準化成功經驗

檢查完執行情況以後，要總結經驗教訓，對於成功的經驗，要把它們作為標準固定下來；對於失敗的教訓要吸取、改正。

⑻發現新問題

解決舊問題的同時，又會出現新的問題，這時又會進入一個新的 PDCA 循環。

二、PDCA 循環的特點與作用

1. PDCA 循環的特點

PDCA 循環不是停留在一個層面的循環，而是一個不斷解決問題、逐步上升的過程。

每一個 PDCA 循環結束後，隨著一部份問題的解決，生產管理者的工作水準也會隨之提高。這樣，透過一個又一個的 PDCA 循環，生產管理者不斷發現問題、解決問題，管理能力和工作效率就會不斷得到提高。

圖 29-2　PDCA 循環是階梯式上升的

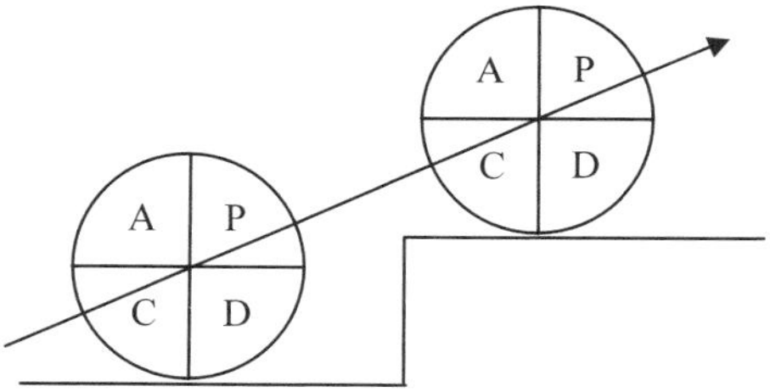

PDCA 循環的四個階段不是運行一次就終止了，它們是週而復始地運行的。一個循環結束後，雖然解決了一部份問題，但可能還有其他問題沒有解決，或者又出現了新的問題，這時就會進入下一個 PDCA 循環。

圖 29-3　大環套小環循環

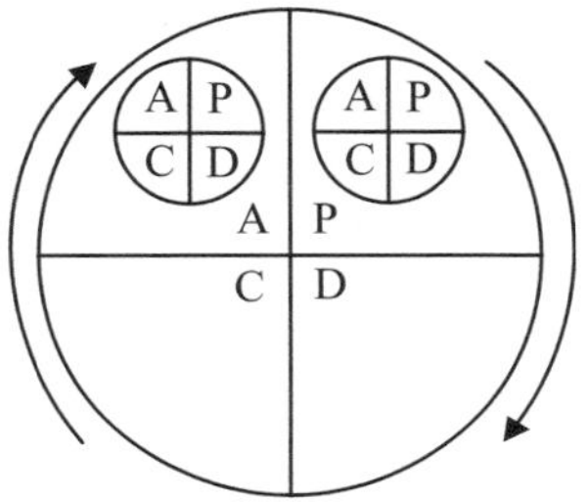

2. PDCA 循環的作用

PDCA 循環可以發現、改善各種管理問題，可以應用於各個領域，大到企業的策略管理、環境污染管理，小到部門的項目管理、教育訓練和自我管理，等等。它被人們持續地、正式或非正式地、有意識或下意識地運用於自己所做的每件事情中。

生產主管要每天做 PDCA，每天早上進辦公室的第一件事就是為今天的工作做一個計劃：那些事情該做、主要的事情是那幾件、那些是檢查的重點、那些地方最容易出問題、誰最容易出問題，等等。

考慮好以後，就開始佈置工作，由下屬去實施。在他們工作的過程中，就去檢查。檢查不能沒有目的和重點，要檢查最容易出現問題的地方和最容易出現問題的人，這樣才能對生產進行有效的管理。一天工作結束後，要對今天的 PDCA 做個總結，例如那些地方做得比較好、那些地方需要改進，以便為第二天的 PDCA 做準備。

每天做 PDCA，也要求部門的每一個科長、每一個經理。發給他們每人一張 A4 紙，紙上畫有四個方格，方格裏面分別標有 P、D、C、A 字樣。每天都想一想，關於 P 做了什麼、關於 D 做了什麼、關於 C 做了什麼、關於 A 做了什麼；他們要在每個格子裏面寫幾句話，但每天不能重覆，因為重覆就沒有進步。這項工作堅持了半年，半年後就不要求他們了，但他們會主動去做，因為已經養成習慣了。

不僅是企業，個人也同樣可以做 PDCA 循環，那樣，我們就可以更好地學習和工作，也利於良好習慣的養成。例如，早上起床後，可以想一想今天要做什麼、今天學習和工作的要點及重點在那裏、學習和工作中可能會出現那些問題、應該重點檢查那些地方，等等。一天結束後，要回憶一下今天 PDCA 的執行情況，想想自己那些地方做得好、那些地方需要改進。

個人的 PDCA 對個人進步是非常有幫助的，同樣，一個部門的 PDCA 對部門的進步也是很有幫助的，一個企業的 PDCA 對企業的幫助也是非常大的。

三、PDCA 循環的說明

1. 計劃的擬訂

做計劃之前，生產管理者首先要確定自己想要實現的目的和目標。

現在的體重是 80 公斤，減肥的目標是達到 75 公斤，但不可能一個月就減 5 公斤，而且減肥每個月超過 2 公斤對身體是有害的。所以，制訂一個階段性目標：第一個月減 1 公斤，第二個月減 1 公斤，第三個月減 1 公斤，第四個月再減 1 公斤，這樣，第五個月就可以達到目標。

在確定目的和目標時一定要弄清楚上級的要求是什麼，這是非常關鍵的。但很多人常常沒有弄清楚上級的要求就去做，結果事倍功半。我們常說，做正確的事情比把事情做正確更重要，事情都沒有選對，做得再對也沒意義。

明確目標就是要做正確的事情，即一定要理解公司的目標，一定要理解上司的目標，如果這兩點不理解清楚，那麼制訂的目標就沒有任何意義。

其次，目標確定後，還要預測可能的變化。有人說：「計劃不如變化快，計劃再好也沒有意義。」但是，正因為計劃沒有變化快，所以才要做計劃，如果計劃完全沒有變化，就體現不出其意義。因為有變化，所以定目標、做計劃時就要預測到變化。例如，我們做生產計劃時，都應對產量設置一個上下波動範圍；又例如，做銷售計劃時，確定 2008 年的基本目標是 10 個億，如果做得好可以達到 12 個億，做得不好至少也要實現 8 個億。所以，確定目標時要留有餘地，考慮可能發生的情況、可能出現的問題，如果不考慮這些問題，計劃就沒有執行的意義。

此外，定目標時還要把最終目標與眼前目標分清楚，因為很多事情不可能一蹴而就。

目標不但要明確、要分階段，還要儘量將其量化，因為不能量化的目標不方便評估，也不利於檢查計劃的執行情況。如果目標確實不能量化，那也要儘量將其具體化。如果有好幾個目標，那就要把它們按重要性進行排列，並在執行過程中依次實現。

綜上所述，我們在制訂計劃時，要做到以下幾點：

· 清楚瞭解問題(事情)的狀況

· 明確公司與上級的目標或方針

· 預測未來狀況或條件的變化(內在與外在)

· 考慮可能發生的問題

· 要把最終目標和眼前目標分清楚

· 目標要量化

· 多元性目標需列出優先順序

2. 計劃實施前，要對員工進行培訓

很多企業在制訂了計劃後馬上就要求員工去實施，沒有考慮到這樣一個問題：員工會不會做、願不願意做。如果問也不問就直接讓他們去做，那麼員工在做的過程中難免會出現很多問題。

(1)培訓員工會做事

如果員工不會做又該怎麼辦？教他們！在實施計劃之前，企業要對員工進行相應的培訓。如果沒有進行培訓就讓他們去執行，可能會導致大量錯誤的產生，從而造成不必要的浪費。

對員工進行培訓是要講究方法的，不要簡單地講給他們聽，而是要一對一、手把手地教，要到工作現場教。

如果員工用心學，生產管理者又用心教，員工的工作效率起碼可以提高 2 倍，甚至 5 倍都有可能，所以，企業一定要有崗前訓練，特別是一對一的訓練。

(2)培訓員工做事的意願

還有一條規則是生產管理者要謹記的：一定要告訴員工為什麼要讓他們這樣做。很多主管對這一點都不以為然，以為只要告訴員工做什麼、怎麼做就可以，不用讓他們知道為什麼要這麼做。

有這麼一個故事，在一個工地上，工頭知道水管漏水了，但水管埋在地面下一米深的地方，他需要把漏水的水管找出

來。於是，他帶了一個工人隨他出去。等到了那個地方，工頭在某個位置畫了一個圈，就叫工人挖一個一米深的坑。工人挖了一米深的坑後，工頭一看沒有水管，就又在另外一個地方畫了一個圈，又讓工人在那裏挖一個一米深的坑。那個工人又照做了，可還是沒有發現水管。於是工頭又在第三個地方畫了一個圈，但工人卻不幹了，他把鋤頭一甩說：「你叫我東挖一個坑、西挖一個坑，我都不知道要幹什麼。我不挖了，要挖你自己來挖！」為什麼會發生這種情況呢？就是因為管理者不告訴實施者為什麼要這樣做造成的。

身為生產管理者，如果你只告訴員工做什麼事情而不告訴他們為什麼要這樣做，他們就會缺乏工作的積極性，不能全力以赴投入工作，而在這樣的狀態下，他們是做不好工作的。

所以，生產管理者一定要讓員工明白讓他們做某項工作的意義。有一些生產管理者認為這樣做太複雜、太煩瑣，但是，如果不這樣做就容易出問題，而且可能會出大問題。例如，一些藥廠的安全操作規程是十分煩瑣的，如果不按操作標準生產，製造出來的藥品是十分危險的，後果將不堪設想。

培訓員工的目的一是要他們願意做、二是要他們會做事。相比之下，讓他們願意做比較難，這也是我們培訓時要告訴員工的，他們只有知道為什麼這樣做以後，才會增強責任感，才能更好地投入到工作中去。

生產管理者也可以用 5W2H 的方式對員工進行培訓。具體說來，就是要告訴員工為什麼要做、做什麼、在那兒做、誰來做、什麼時候做、怎麼做以及要花多少錢。當你告訴員工這些以後，可以激發員工的內動力，提高他們的工作熱忱。

在具體管理中，培訓員工時可以參考以下幾點內容：進行集合式教育或在職場上一對一實戰演練；避免使用指示、命令、要求等強制性手段；不能只告訴員工怎樣做，還要讓他們瞭解工作的意義、必然性、依據和理由；注意激發員工的責任感與使命感：用 5W2H 法系統化教育員工；激發員工內動力、鼓舞他們的工作熱忱。

3. 工作的實施

對員工進行培訓後，就要開始具體的實施工作。

⑴下達的命令要簡潔明確

實施時要把計劃所要達到的目標明確告訴員工，表達要簡潔明確、不模棱兩可，不要說「儘量做吧」、「盡可能完成」等語句。如果生產管理者對員工下達命令時說「儘量做」，最後員工做不到的情況就會佔絕大多數。所以，生產管理者下達命令時一定要將什麼時候做、什麼時候完成說得明確清楚。

為什麼軍隊的戰鬥力強？因為軍隊的軍紀嚴明，上級叫你九點鐘攻下那個山頭，九點半攻下來可能就要被槍斃。起碼要讓員工知道，任務是必須按時完成的。生產管理者還要將這種做事風格慢慢融入到企業文化當中。

另外，生產管理者要一次性下達命令，不可拖泥帶水。如果在讓員工做事時說：「你先做第一步，做完第一步再來問我，我再告訴你第二步、第三步、第四步……」員工的工作效率就會大打折扣。

命令是上級給下級的指示，在實際工作中，命令是管理者對員工做事的要求，所以簡單、明確的命令更容易讓人理解，也更有利於工作的開展。所以，命令要一次性下達，不要讓員工一次又一次詢問。

⑵在實施過程中要多激勵員工

在工作實施的過程中碰到困難時，生產管理者不要灰心，不僅要積極檢討自己的失誤，還要鼓勵員工不要擔心，告訴他們管理者會幫助他們。一般情況下，部屬遇到困難就會求助主管，當他們說「報告主管，碰到困難怎麼辦」時，生產管理者要給他們鼓勁，不能說消極的話。

生產管理者要清楚地知道在工作過程中一定會碰到困難，有困難就要想辦法解決，同時要鼓勵員工。

⑶多做自我檢討

生產管理者還要多做自我檢討，檢討的過程會變成一個小的 PDCA 循環，再把這個小循環放到企業這個大的 PDCA 循環裏面。

⑷適當授權

生產管理者還應學會適當授權。有的生產管理者總是手握大權不肯放，什麼事情都要自己決定。如果管理者要求下屬去做事情，又不讓下屬有一定的權力，那下屬的工作就很難開展。我們應該明白，每個人都喜歡做主，如果生產管理者能夠適當授權，讓員工做主，他們就會把事情做得更好。

如果管理者不願放權，員工就沒有做主的感覺，他們又怎麼能做好事情？所以，生產管理者一定要學會適當放權，工作中能恰當地處理自己與員工的關係，不要越俎代庖完全代替員工工作，而要給他們權力，自己只做些示範性的、輔助性的工作。

如果沒有適當授權，員工的工作是做不好的；如果所有命令都是管理者下的，事情做壞了應該處罰誰？如果先處罰管理者，然後管理者又去處罰員工，這麼做是不合邏輯的，因為員工是按管理者的方法做的，即使員工做錯了，那也是管理者的錯，為什麼要處罰員工？

⑸收集數據

在工作實施的過程中，生產管理者還要不停地收集數據，因為沒有數據就不方便檢查生產，總結、改進工作方法。在工作中，生產管理者應多用數詞、量詞，少用形容詞。

總之，管理一定要量化，而量化就要記錄。只有在實施過程中不斷記錄，出了問題才便於檢查。

4. 工作的檢查

實施完計劃後，就要檢查計劃實施的效果。

人都是有惰性的，對員工的工作要檢查，因為一個人沒有督促、沒有檢查是很難自動自發地工作的。在世界上，大概只有一種人可以自動自發地工作，那就是老闆。我們可以鼓勵員工積極主動工作，但也應認清一個事實，那就是要員工像老闆一樣自動自發地工作的可能性不大。如果員工變得和老闆一樣，那他們就不是員工而是老闆了。生產管理者要有彈性心態，不能老說「員工怎麼可以這個樣子」，因為員工就是員工，你不要指望員工與老闆一樣。

⑴檢查的方法

檢查員工工作的方法有多種，例如查核、觀察、測定等。

生產管理者不需要每天都要去檢查，偶爾進行一兩次還是可以的，目的就是讓員工不知道管理者會什麼時候查、查多少次，讓員工摸不著規律。這樣多做幾次，他們就會認認真真地工作，檢查也就達到目的了。

⑵檢查要記錄數據

檢查除了要不定時、不定次，每次檢查還應記錄一些重要數據。

一家工廠發現他們的檢查記錄做得很好，每一個部門、每一個崗位都有一張查檢表，還配有示意圖。舉個例子：會客室有一張表和一張示意圖，會客室沙發要怎麼擺都有箭頭指明，那個地方要多乾淨、多長時間擦一次都寫得很清楚。如果沒有這些表格，檢查工作也就無從做起。所以，怎麼製作方便檢查的表格也是管理者必須做的事。

檢查完了以後就要對數據進行分析、判斷，用適當的方法讓計劃如期完成，而檢查的目的也是為了如期完成計劃。

此外，生產管理者在巡視現場時也需要用到一些表格來查驗、衡量員工的工作。例如，那類問題由班長決定、那類問題由組長決定、那類問題要由科長、經理決定，要有一些數據作依據。

⑶檢查員工作業方法

生產管理者在檢查計劃實施情況時還要考慮員工在實施過程中有沒有完全遵守企業規定的作業方法。一般來說，企業會將各崗位的作業方法製成作業指導書，並將其放在員工易於看到的地方。作業指導書很重要，因為它除了給操作者看，還要給檢查的人看。

如果老闆來工廠參觀，生產管理者就可以對他說：「老闆，你放心，我們的品質是有保證的。」

老闆說：「為什麼？」

你可以這樣解釋：「你看看，我們的每一個操作步驟都在作業指導書上有明確指示，每一個員工都嚴格按作業指導書工作。」

這時，老闆就會走到員工身邊看看作業指導書，再看看員工怎麼做，如果員工完全按照作業指導書操作，老闆就會放心地對生產管理者說：「不錯！」

如果有客戶來了，生產管理者可以對客戶說：「買我們的產品你可以放心，我們都有品質保證。」

客戶肯定會問「為什麼？」

生產管理者就可以告訴他：「我們有作業指導書，員工都按作業指導書做。」

客戶就會去看一下作業指導書，再看看員工是不是真的按這些標準操作。

作業指導書一定要讓每個人都看得懂，而且作業指導書的字要大、要清晰，最好能夠用圖片的方式呈現。

5. 找出問題產生的要因

當實施的結果與計劃有差異時，一定要查出問題出在那裏，然後分析問題出現的原因。

這個時候，我們需要做一個 PDCA 循環，分析原因、做計劃、實施計劃、解決問題，每發生一個問題我們都要找出其發生的原因，防止類似問題再度發生，只有這樣，工作才有價值，改進才有實效。從某種程度上說，防止問題再次發生才是最重要的，對此我們可以做橫向展開。例如，生產線的某個流程出了問題，就要聯想到其他相同的生產線是否也會如此。換句話說，一個人摔了一跤，就不要讓其他人再摔跤了。源頭管理是什麼意思？就是要刨根問底找出根本原因。

在具體查找要因時，我們可從以下幾個方面入手：員工在實施過程中是否徹底遵守作業方法或條件；過程若與計劃有差異，需迅速追究原因；要因查檢由下級主管(班、組長)負責；重要的要因或以往未出現過的事件可由上級主管(科長以上)查檢；結果需以數據呈現，並定期做比較、檢查；結果與計劃有差異時，需徹查過程中的異常原因；需追根究底追到源頭，以發現潛在原因；需客觀、誠實地面對自己。

6. 處理問題

處理問題的方式有兩種：

第一種是發現了問題先採取應急措施，馬上解決問題。這一點幾乎所有生產管理者都可以做得很好。但生產管理者在採取應急措施時應該注意，採取的措施必須在自己的權限內，如超出自己的權限，必須向上級管理者報告。此外，在採取應急措施時，生產管理者還應該做到以下幾點：暫時除去異常現象；使異常現象得到控制不再惡化、擴大：治標；以應變、調整的方式改正錯誤；處理問題要掌握時效。

第二種處理方式是把問題解決徹底，避免其再次發生。這個時候就需要做一個 PDCA 循環，具體方法有：使管理確實發揮功效；與標準化、制度化結合；橫向做展開；縱向做源頭管理。

四、SDCA 循環與 PDCA 循環

1. SDCA 循環

SDCA 循環指標準化(Standard)、執行(Do)、查核(Check)、處置(Action)，即先訂立一個標準，按照這個標準去執行，做完發

現問題再檢查、改進，然後再做、再標準化。PDCA 與 SDCA 這兩個循環其實大同小異(見圖 29-4)：

圖 29-4　PDCA/SDCA 循環

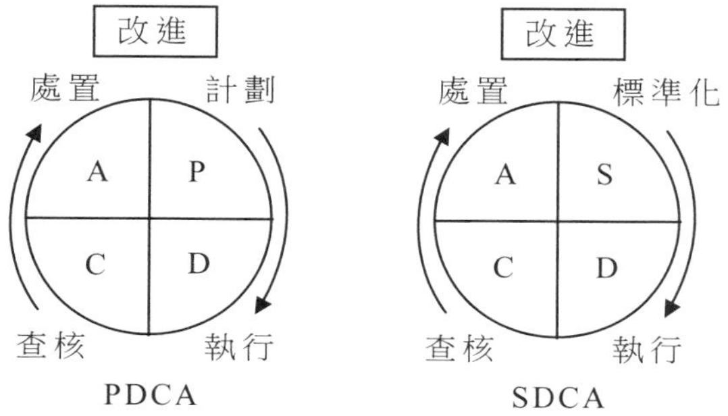

2. PDCA 循環是持續改善的工具

每實施一次 PDCA 循環，生產管理者在工作中的錯誤就會減少，管理水準也會隨之提高，個人的 PDCA 循環能讓個人不斷進步，企業的 PDCA 循環也會讓企業不斷進步。PDCA 循環其實就是一個持續改善的工具，如圖 29-5 所示：

圖 29-5　PDCA 循環是持續改善的工具

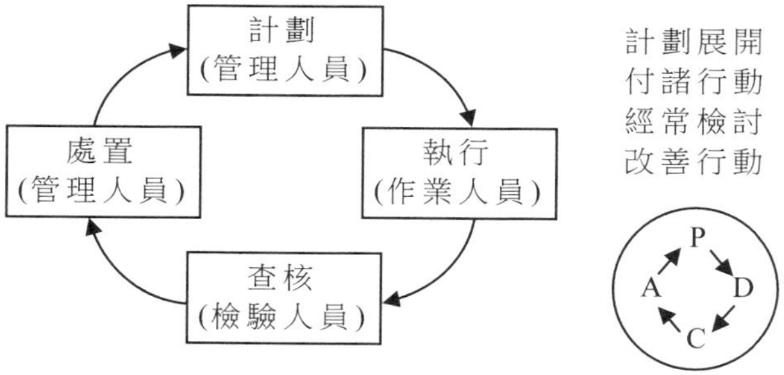

以前，企業查出不良產品後就把它放在一邊；現在查出不良產

品後，生產管理者就要做一個 PDCA 循環來分析其產生的原因。只有把真實原因找到，才能避免同類問題再次發生，具體運作過程如圖 29-6 所示：

圖 29-6 PDCA 循環的應用

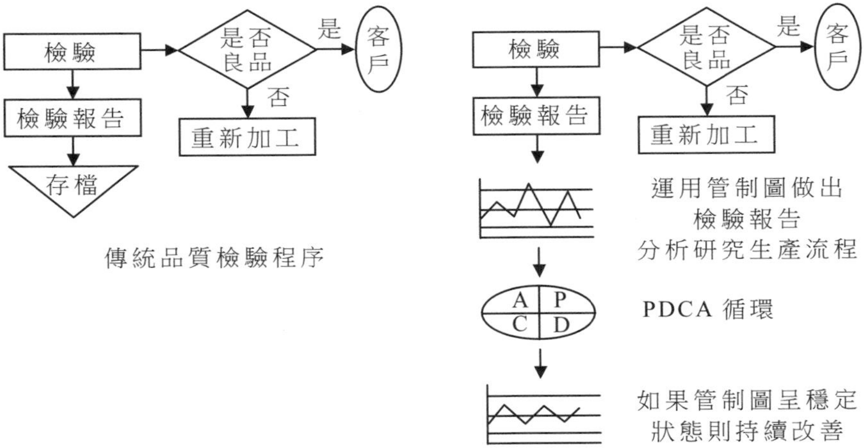

改善的基本觀念：

· 改進向上
· 小規模的變化
· 改變以往的做法，轉變成更好的方法
· 以現狀必有值得改善之處的眼光觀察
· 改善的目的在於使工作更輕鬆、效率更高
· 必須一步一步地改善，勿冀求一步登天
· 要摒棄「小小改善又有何用」的錯誤觀念
· 必須經常關注日常工作，時時謀求改善

· 所謂「專家」就是工作崗位上的工作者本人

· 改善要有改善原則才算具備改善利器

PDCA 循環需在建立品質意識、問題意義及改善意識的基礎上運轉才能切實有效。只有做好全公司的品質管理，公司所制定的規章制度才能靈活化，才能避免形式化。

PDCA 循環是小規模的變化，慢慢地變，一環環地變。雖然小變化比較容易，大變化比較難，但很多小變化累積下來後就會成為大變化，我們的工作就完成了。

30 要設定目標

一、設立目標的好處

什麼是目標？目標是希望達成的狀態，它可能很龐大，也可能很渺小；它也許在多少年後才能實現，也或者在幾分鐘後就能實現；它可以寫下來，也可以放在心裏。什麼是計劃？計劃是為實現一定的目標而事先對措施和步驟做出的部署。沒有計劃的目標是空想，沒有目標的計劃是瞎做，所以，生產管理者在做事之前既需要有計劃又需要有目標，兩者應該合為一體。

1. 有目標的企業更優秀

目標的作用大家可能都很清楚。企業裏有計件付酬的工人，也有計時付酬的工人，那種工人的工作積極性會比較高？當然是前者。我曾觀察過一個計件工人工作時的狀態，他每踩一下機器就出一個零件，他因此工作得十分開心與投入，越看越讓人覺得他不是在工作，而是在數鈔票。試想一個計時工人，他完全沒有目標，只是不停地做，當然不會有這種效果。

在工業園，一個義大利人開辦了一家生產工業布的工廠。廠裏有這樣一個規定：每個人每天要織 3000～5000 米布，超過 5000 米才有獎金。

結果工人每天生產到 3000 米時就把機器關掉，直到下班。他們每天都這麼做。

為了解決這一問題，管理幹部提了這樣一個建議：把獲得獎金的門檻降低，員工只要每天織布超過 4000 米就有獎金。但老闆不同意，他認為標準一定得是 5000 米。事實上，每天織 5000 米布是非常辛苦的，由於這個目標對工人來說太難實現了，也就沒有多大的吸引力，有沒有目標對他們來說都是一樣的，所以他們每天仍舊織 3000 米，織完就在工廠裏睡覺。

在工作量上對員工有要求，並且量是合理的，企業的管理就會比較好；凡是沒有工作量要求的企業一定不會好。這就是目標的作用。

如果我們能把工作設計得和打保齡球一樣，就可以激發員工的積極性，否則他們就可能沒有工作的興趣，而沒有興趣就很難產生動力，目標對員工的重要性就體現在這裏。

2. 員工喜歡適當的目標

有目標的人快樂一些還是沒有目標的人快樂一些？答案肯定

是有目標的人。這裏所說的目標沒有過多的限制，它可以很遠大，也可以很具體。例如，我想買一輛車，這就是一個目標；我想買一套房、想三年內娶老婆，這些都是目標。一個人沒有目標就缺乏行動的動力，就會覺得生活沒有意義。如果一個企業的員工不喜歡有目標，那一定是管理者把員工的目標弄錯了。

大多數員工是喜歡有目標的，沒目標他們會很無聊，整天像機器一樣工作，不知道做了些什麼，更不知道做這些有什麼用。但是，對員工制訂的目標一定要恰當，不能過高，因為只有恰當的目標對員工才有鼓勵作用。

生產管理者給員工定目標時要記住一點：目標不可乙太低也不可乙太高。目標定得太低，員工覺得你是在侮辱他的人格。另外，此法無疑是一種慢性毒藥，最終的結果只能使員工越來越懈怠、工作能力越來越差。但如果目標定得太高，又會給員工造成一種感覺：自己在被剝削、被壓迫，生產管理者是資本家。所以，只有適當的目標才能給員工帶來快樂，才能讓他們產生工作的積極性。

給員工設定目標要有度，要從實際出發，為他們設定階段性目標，使其循序漸進地達到理想目標。例如，一個公司目前產品的不良率是 2%，而老闆的要求是 0.5%，如果要求員工下個月就達到這個目標，這誰都做不到。所以，我們可以將終極目標定為 0.5%，再把它分成幾個階段目標，讓員工逐步完成。例如說，可以要求他們在一個季內使產品的不良率降為 1.5%，半年內達到 1%，一年內達到 0.5%，這樣不斷地進步，每個員工都會很開心。將目標分成若干小目標，每達成一個小目標，員工就會有成就感。員工每天有小目標，每天進步一點點，每天都會很快樂。

在為每個工作崗位制訂工作目標時，生產管理者都要清楚這個工作崗位的要求是什麼，它對公司的貢獻在那裏。但是，即使清楚了這些，有些工作崗位的目標也不是可以輕鬆制訂的。下面，就來談談工廠中有那些崗位的工作目標是比較難制訂的以及如何制訂。

總之，在為各個崗位設立工作目標時，生產管理者必須明確的一點就是，這個崗位要做到何種程度才能幫助公司贏利，這個程度就是它的目標。如果說，某些工作無論做到什麼程度對公司好像都沒有什麼影響，就應該撤掉它，因為只有多餘的崗位才是沒有目標的。

生產管理者要牢記一點：但凡找不到目標的工作崗位一定是多餘的，只要不是多餘的工作崗位就一定能找到目標，這是生產管理者制訂計劃、確定目標時需要注意的地方。

二、合理制訂計劃

1. 計劃的關鍵是分清輕重緩急

(1) 用四象限法則對事情進行分類

人的時間和精力是有限的，所以做好計劃的關鍵是要分清事情的輕重緩急，並逐一處理。那麼，如何才能做到這一點呢？就要用到四象限法則。

所謂「四象限法則」，即按照事情的重要性和緊急程度將其分為既重要又緊急、重要但不緊急、既不重要也不緊急和不重要但緊急四種。

圖 30-1 四象限法則

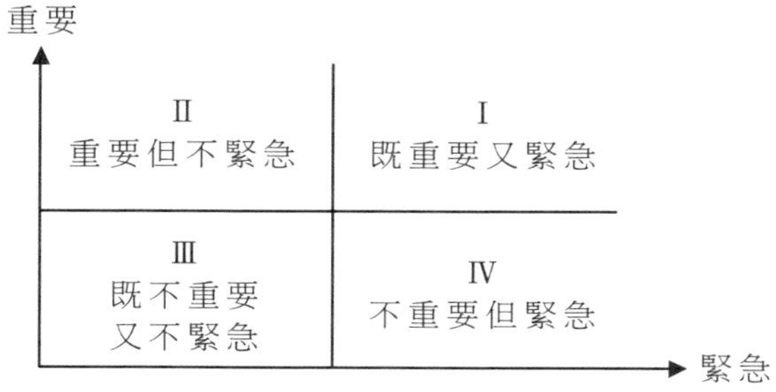

⑵生產管理者最應關注「第二象限」

不管是基層、中層，還是高層的管理者，最應關注的是第二象限的工作，即重要但不緊急的工作。但大多數生產管理者卻將主要精力放在了處理既重要又緊急的工作上，即救火類工作上。如果生產管理者只關注這一類的事情，他只能被稱為「救火隊隊長」或者「優秀的消防隊員」，而不是一個合格的管理者。

在生活中，鍛鍊身體就屬於重要但不緊急的事情。絕大多數人都知道，如果每週鍛鍊三次以上，一次半個小時到一個小時，對人體是非常有好處的，但能做到的人卻寥寥無幾。為什麼？因為即使不鍛鍊，身體也不會立馬出現問題。

⑶屬於「第二象限」的工作

在明白「第二象限」的重要性後，生產管理者自己要處理的事情千千萬，應該怎麼樣對它們進行分類呢？生產管理者在做計劃時，應該這樣分類：

圖 30-2　用四象限法則對工作進行分類

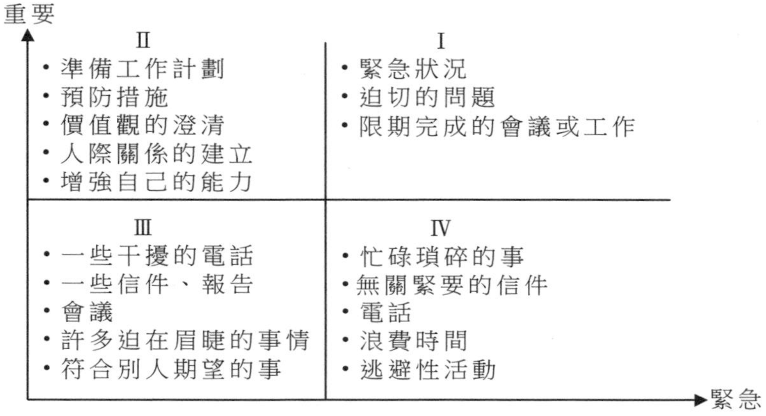

在第二象限中，制訂工作計劃被列為首要工作。如果不做計劃就盲目做事，等做到一半才發現做錯了，這時候再從頭開始，只能是事倍功半。

生產管理者在工作中凡事都要先做計劃，做到先瞄準再開槍，才能把所有事情安排得井井有條，工作效率才會高。

其次，生產管理者還要為防止救火類問題的發生制訂預防措施。一旦發生救火類事件，既費時又費力，如果制訂好了一系列有針對性的防範措施並在生產中嚴格遵守，要比事後再解決效果好得多。

第三，轉變員工的價值觀，變「要我幹」為「我要幹」。

有些員工對於自身的工作以及生產管理者的角色存在認知偏差，認為自己是在受資本家的剝削，而生產管理者是資本家的幫兇。有這樣想法的員工認為工作是「要我幹」，工作起來沒有激情，幹活馬馬虎虎、得過且過。這樣的員工是沒有辦法好好工作的，也無法為企業創造價值。

所以，生產管理者要站在員工的角度轉變他的這種錯誤意識，變「要我幹」為「我要幹」，讓他們認識到他們是在為自己工作，只有努力工作，他們才能掙更多的錢、學到更多的東西，就業前景才會更加光明。只有解決了員工的意識問題，提高了員工的素質，使其養成良好的工作作風，生產管理者才能做到有效管理，員工的工作積極性才能被激發起來，各項工作才能順利開展。

第四，建立和改善人際關係。生產管理者要想把工作做好，光自己努力是不夠的，還要其他部門的配合才行。所以，生產管理者一定要處理好與各部門的關係，與他們多溝通、多交流。否則，平時看到別人連個招呼都不打，出了問題才去請別人幫忙，別人肯定是不願意幫你的。

第五，透過學習充實自我。增強工作能力也屬於很重要但不緊急的事。學習這件事情可以放在明天、後天，甚至大後天來做，但早一天學習就早一天進步。只有學識增加了，能力增強了，工作起來才能遊刃有餘。

2. 計劃的週期

所謂計劃就是到達目的地的路線，企業要制訂短、中、長三種計劃。

(1)短期計劃

短期計劃的時間可以很短，例如分鐘計劃，也可以稍長，例如月計劃。這兩種計劃各有劣勢：計劃時間越長，可控性就越差：時間越短，成本就會很高。所以，要具體問題具體分析。下面是一張切合企業實際的短期計劃表：

表 30-1　××××年××月工作計劃

日期／工作速度／工作項目	日	一	二	三	四	五	六	日	一	二	三	四	五	六	日	一	二	三	四	五	…	二	執行者	督導人	工作標準
	1	2	3	4	5	6	7	8	9	10	11	12	13	14	15	16	17	18	19	20	…	31			
項目 1	—	—	—	—	→																…				
項目 2										—	—	—	—	—	—	—	—	—	—	→	…				

審定：　　　　製表：　　　　日期：

這圖表叫甘特表，是生產管理者在工作中經常用到的。透過這個圖表，生產管理者可以瞭解每個月需要完成的工作項目、這一項目的進展情況、執行者、督導人以及應該達到的標準。

此外，有了這份圖表，生產管理者就可以根據它來及時檢查執行者的工作進展情況。例如，項目 1 計劃的工作時間是 1～5 號，那麼，到了 3 號，生產管理者就要檢查執行人的執行情況，看其是否能按時完成。如果不能完成，就要催促其抓緊時間趕進度。如果每一項工作都能按時完成，那這個月的工作目標就可以完成了。

生產管理者不必照抄照搬這個表格，應該根據自己企業的具體情況做出比這更具體、實用的表格。但是，在製作表格的過程中有些內容是必須具備的，即從表格可以看出以下內容：要做什麼、什麼時候做、什麼時候完成、誰來做、誰來督導、做成什麼樣子。

⑵中長期計劃

中長期計劃的週期可以長一些，但也不要像外企那樣一做就是 50 年甚至 100 年，這種計劃不太切合實際。企業就實實在在一些，將長期計劃的週期定為 3 年、5 年、7 年或者 10 年，中期計劃定為 1 年。

三、JIT 計劃在生產管理上的應用

1. JIT 計劃適用於每一個企業

JIT，即 Just In Time，意為「準時生產方式」，又被稱為「零庫存生產方式」，它是日本豐田汽車公司在 20 世紀 60 年代提出並實行的一種生產方式。這種生產方式因對豐田公司渡過第一次能源危機起到了十分關鍵的作用，所以引起了生產企業的重視，並在全球逐漸推行開來。

JIT 生產計劃就是根據訂單來制訂生產計劃。對於製造企業來說，它是一種非常實用且必要的工作方法，JIT 生產計劃分為長期、中期和短期計劃三種。

表 30-2　JIT 生產計劃

種類	時間	內容
長期計劃	1～3 年	年度財務預算、固定資產(設備、廠房等)的投入、預定開發新產品類別與規劃生產佈局等
中期計劃	數月	評價在未來數月裏，生產能力、供應商及採購部門能否對應，各部門人員是否不足
短期計劃	月、週、日	對最終產品制訂生產指令，既要確保準時出貨，又要保證產品庫存最小化。為其他工廠、倉庫、採購等部門提供生產指令、交貨指令的參考依據

2. 長期計劃

長期計劃一般指 1～3 年的計劃，它的主要作用是規劃企業的發展遠景，制訂企業的長期發展目標，其目的是擴大和提升企業的發展能力。

長期計劃的主要內容是年度財務預算，固定資產(設備、廠房等)的投入、預定開發新產品類別與規劃生產佈局等。

長期計劃往往是戰略性計劃，它規定組織較長時期的目標及實現目標的戰略性計劃。

某工廠建廠房，儘管該廠當時的銷量正在下滑，卻大舉投資建廠房。問他們原因，他們說：「企業生產有波峰也有波谷。現在我們處於波谷時期，產品不好賣，正好建廠房；等廠房建好了，產量擴大了，波峰就來了。」

他們之所以有在「波谷」建廠房的底氣，是因為他們做了一個週期為 3 年的計劃。如果沒有合理的計劃，他們就不會去建廠房。如果等到「波峰」來臨，廠房就來不及建造了。

所以說，工廠一定要做長期計劃，至少是 1～3 年，為固定資產投資做準備。

3. 中期計劃

中期計劃也叫滾動式計劃，用來評估未來數個月內企業的生產能力、供應商、採購部門能否對應，各個部門的人員是否充足等。表 30-3 就是一張標準的滾動式計劃表。

表 30-3　滾動式計劃表

月	銷售部	生產部	採購、倉庫、檢查等其他部門
N-1 月	①在 N-1 月 20 日，N 月訂單截止 ②N+1 月訂單 X±α ③N+2 月訂單 y±β	①在 N-1 月 21 日確定 N 月計劃 ②大致提供 N+1 月計劃（可變動範圍為 X±α） ③大致提供 N+2 月計劃（可變動範圍為 Y±β）	①在 N-1 月 21 日，N 月計劃必須接受並執行 ②評估為完成 N+1 月、N+2 月的生產任務，自己部門能否承擔 ③若 N+1 月能力不足，必須在 N 月月底前解決 ④若 N+2 月能力不足，結合 N+1 月調整，待 N+1 月 21 日後再詳細討論對策
N 月	①在 N 月 20 日，N+1 月訂單截止 ②2 月訂單 X±α ③N+3 月訂單 Y±β	在 N 月 21 日確定 ①N+1 月生產計劃 ②N+2 月計劃（可變動範圍為 X±α） ③N+3 月計劃（可變動範圍為 Y±β）	①在 N 月 21 日，N 月計劃必須接受並執行 ②評估為完成 N+2 月、N+3 月的生產任務，自己部門能否承擔 ③若 N+2 月能力不足，必須在 N+1 月月底前解決 ④若 N+3 月能力不足，結合 N+2 月調整，待 N+2 月 21 日後再詳細討論對策

(1)銷售部預測訂單量

之所以要做滾動式計劃表，是因為企業的產能是一定的，但企業接到的訂單會時少時多，訂單要求的交期有時又會很緊。所以，生產部與銷售部往往會為因訂單問題產生糾紛。

雖然生產部常常抱怨，但銷售部也有難處，因為如果不接這樣的訂單，他們可能就沒有其他工作可做。但是，銷售部不能因此無限制地滿足客戶的需求，一定要在既保證客戶滿意又不給生產部帶來太多困難的情況下做好自己的本職工作。

幾年前，某汽車廠生產的重卡種類曾達 200 多種。由於每種重卡都要有相應的模具，所以該廠虧得很厲害。之所以有這麼多種類，完全是銷售人員迎合客戶的結果。因為客戶的需求變化多端，銷售部門每次都不加考慮，全盤接受。

後來，為了扭虧為盈，他們變迎合為引導。例如，銷售人員會告訴客戶，如果堅持要生產本廠沒有的類型，就需支付 50 萬元；如果是生產本廠已經擁有的類型，只需支付 30 萬元。結果，大部份客戶選擇了後者。

銷售部不能一味迎合客戶，而是要根據企業的生產能力去引導客戶將訂單數量、交期變成生產部能夠接受的程度。如果銷售部不做這一工作，只管接了訂單就交給生產部，生產部只能是疲於應付。如果訂單數量太大，超過了企業的生產能力，一樣會造成不良後果。

銷售部的具體做法如下：銷售部門根據已接訂單及預測產品銷售流通情況，在 N-1 月統計出 N+1 月、N+2 月的市場需求量，並在規定的時間內將其傳送給生產計劃制訂部門。銷售部編制的 N+1 月、N+2 月的市場需求量是可變的，變化的幅度有上下限，且 N+1 月、N+2 月訂單變化的幅度不同。

例如，編制 N+1 月的市場需求量為 X，這是基本量，其變化的幅度可允許的上下限幅度為 α；編制 N+2 月的市場需求量為 Y，這是基本量，其變化的幅度可允許的上下限幅度為 β 。多要大於 α ，且 α 與 β 的數值完全取決於工廠的生產水準。

(2)生產部調整訂單量

訂單簽訂以後，還是可以變動的，這個變動要靠生產部的配合來完成。生產部必須能夠應付一切變動，如果生產部完全不懂變通，遇到大訂單就要求開一條生產線來生產，那一定是生產管理者不負責任。生產管理者要想讓生產線全力運轉起來，就要制訂一個滾動生產計劃。

假設現在 4 月 20 日，生產部要制訂 5 月、6 月和 7 月的計劃。

我們比較準確地知道 A 產品在 5 月可以生產 X 個，那麼 6 月份可以預計的浮動範圍為±10，7 月份可以預計的浮動範圍為 X±20。到底要滾動幾個月呢？這要看企業的材料採購週期。如果材料提前 3 個月採購，就要滾動 3 個月，如果材料提前 4 個月採購，就要滾動 4 個月。因為 8 月份的材料現在就要買了，你不做計劃就不知道要買多少，買多了壓庫存，買少了斷貨。

所以，滾動的月數與材料的採購週期有關係。到了 5 月 20 日，又把 6 月份的確定下來，確定 6 月份的生產量後，就可預計 7 月份的浮動值以及 8 月份的浮動值。這個值大小沒有關係，只是提供一個範圍以增強計劃的靈活性，這叫做中期滾動計劃。有了這個計劃，我們才能應付其他的變化。

計劃做完後，生產部還要與銷售部制訂一個規則：銷售部門 6 月份接的單，要求 A 產品的產量是 110，材料都買好了，銷售部可以直接接單，不用與生產部商量。但是，如果訂單超過 110，銷售部應在接單之前和生產部門確認有沒有充足的材料、能不能做，如果能做就接，不能做就不接。材料不夠又要接單也可以，那就應該確保可以採購到材料。

有人說「這樣做會損害了銷售部的利益」，但事實並非如此。如果生產部不考慮生產能力就接了訂單，到時候交不了貨才會傷害銷售部的利益。因為客戶最擔心的事情就是供應商完全不能交貨，而對交貨的時間會適當放寬。

⑶生產計劃部門制訂計劃

「遊戲規則」定好以後，接下來的工作就是制訂生產計劃。計劃部門要在規定日期內把合約評審表做出來交給生產部、物料部和採購部等相關部門，並讓相關負責人簽字。

相關負責人要對計劃進行核實，如果認為訂單上的數目沒有問題就簽字，有問題就要提出來。例如說，需要什麼條件、需要增加多少人手等。這時候，計劃部門就要和人事部的負責人溝通，告訴他們幾時需要增加人手，並製作合約評審表附表。例如，××月××日之前要招進 50 人，人事部認為沒有問題，這個計劃就通過了。

表 30-4　合約評審表

產品系列	N 月	N+1 月	N+2 月
A 系列	10100	12089	9000
B 系列	5000	7000	8000
C 系列	16005	16000	13000

制訂人：　　　　審核人：　　　　日期：

註：對於上述 N 月、N+1 月、N+2 月的生產量是否能完成，各部門必須給出明確答覆，若有附加條件才能完成或絕對不能完成，請註明原因。

表 30-5　合約評審表附表

決定事項	負責人	配合部門	完成日	備註
A 工廠招人	徐（人事）	A 工廠提供要求	下月(4 月)14 日	
……	……	……	……	
……	……	……	……	

註：當有部門選擇有附加條件才能完成或絕對不能完成時，生產計劃部要牽頭，召集相關部門及需要配合部門討論。

計劃通過以後，人事部必須在××月××日之前招回 50 人，才能保證計劃順利完成。如果人事部覺得有困難，計劃就需要再討論，討論完成後再制訂計劃。計劃一旦定下來，每個部門都要照做，以確保計劃的如期完成。

4. 短期計劃

從某種程度上說，短期計劃就是月計劃或者週計劃，甚至可以是年計劃。儘管短期計劃的靈活性不高，但也可以根據實際情況做出適當調整。例如，某企業 4 月 20 日定出 5 月份的目標是完成 100 個產品的生產，但在實際生產過程中，銷售部門可能會追加某個產品的數量，這叫做「插單」。

在生產量飽和的情況下，既要滿足插單的生產，又要保證其他產品的生產不受影響，這誰也做不到。所以，當銷售部門要插單，就要告訴生產部那張訂單可以往後推，並要求生產管理部門對生產計劃表做出修改。

表 30-6　生產計劃表的制訂

(4 月 20 日制訂)5 月生產計劃

日期	1	2	3	4		31
A 產品	50	20	60	50		
B 產品		50	10	80		
C 產品	70	60	50			

註：2 日接客戶通知原定 3 日出貨的 C50 個暫時不出，改到 15 日以後。

表 30-7　生產計劃表的修改

(5 月 2 日修改 1 版)5 月生產計劃

日期	1	2	3	4		31
A 產品	50	20	60	50		
B 產品		50	10	80		
C 產品	70	60	40			

一家企業製造部經理，計劃根本不寫在紙上，而是存放在電腦裏面。為什麼要把計劃放在電腦裏？因為產品品種太多，訂單量變化也大，如果列印出來，一個月要列印好幾次。光是紙張都要花掉一筆不小的費用。

企業的生產計劃平均每個月的變化次數在 10 次以上，計劃不斷變化是很正常的，計劃不變才不正常。並不是銷售部故意在變，而是市場在變、客戶要求在變，所以企業只能隨著變。

5. 制訂規則

企業迅速應對市場變化的前提是生產計劃要緊盯市場，而 JIT 生產計劃就是一個以變應變的生產計劃，也是一個非常實用的生產規則。需要生產管理者注意的是，JIT 生產計劃不能想變就變，必須遵循一定的「遊戲規則」。否則，生產計劃就只能是廢紙一張，無法指導生產。

所謂「遊戲規則」就是，生產管理者一定要和老闆說明，生產部的產能是一定的，在生產任務飽和的情況下，不能隨意增加訂單量。如果一定要增加也可以，必須配備足夠的人力、物力和財力。

但在實際生產中，很多生產管理者都處於弱勢地位，什麼都不敢說。老闆給他 3000 個產品的訂單他也做，5000 個產品的他也做，1 萬的他也做，結果做出了大問題。所以，生產管理者一定要讓老闆明白一點：生產部的生產能力就是 1 天生產 1000 個產品，經過努力最多能做到 1100，所以，超過 1100 的訂單最好不要壓下來，壓下來是會出事的。

如果一定要壓下來，生產管理者可以讓員工更加努力去做，但老闆也需要給生產部提供一定的資源，例如增加人手和機器設備。

有一個老闆聽後說：「你這個說法不對，有訂單不接不等於有錢不賺嗎？」

「接可以，但你不能無條件地接，你要增加設備和人員。」

「遊戲規則」沒有制訂好，超額工作就很不好做。因為員工工作時間太長，容易注意力不集中，從而導致產品品質不穩定和安全事故。所以，做任何事都要有個度，不能一味貪多，這個道理一定要同老闆講明白、說清楚。

31 有目標、有計劃，就要去執行

一、執行的「四化」

簡單來說，「四化」就是指：把複雜的過程簡單化、把簡單的過程量化、把量化的因素流程化以及把流程的因素框架化。

把複雜的過程簡單化就是指把其中的一個或幾個不必要的流程去掉；把簡單的過程量化，即給出具體的標準，例如，我們的目標是 10 分鐘完成這件事情，這就是量化；把量化的因素流程化就是指把完成這件事情的步驟一步一步地列出來，明確先做那一步，再做那一步；把流程化的因素框架化是指把事情的主要內容用條條框框列出來，使其清晰明瞭。

在這「四化」中，把複雜的過程簡單化是最重要的，對生產管理者的幫助也最大。

(1)簡化才有執行力

越簡單明瞭的命令執行起來越快，完成的效率也越高。所以，生產管理者的指令，特別是讓基層員工執行的指令更應該簡單一些。如果生產管理者把事情弄得很複雜，員工看都看不懂怎麼可能做到完全執行？

生產管理者在工作中一定不要把事情弄得太複雜，以致員工思維混亂，抓不住重點，執行不到位。而且困難會打擊人的自信心，使其喪失前進的動力。所以，適當的簡化才有執行力。

(2)簡化要以實際效果為標準

有研究成果證明，簡化與複雜化產生的效果相差很大，如表 31-1 所示：

表 31-1 簡化與複雜化的效果對比表

過程	完全執行	達成率	實際達成效果
簡化	80%	90%	72%
複雜化	100%	60%	60%

表格顯示，簡化以後完全執行只有 80%的效果，而複雜化的完全執行效果是 100%，看起來是複雜化的執行率比較好。但是，複雜化的達成率比較低，簡單化後的達成率比較高。所以，在保證實際效果的情況下，生產管理者在工作中應該嘗試把工作的流程簡化、把操作過程簡化、把審批過程簡化。

大家都知道，製表人在做好報表後需要好幾個人簽字，但集齊這些簽字往往費時費力。所以，為提高效率，就必須減少簽字人數。

那麼，簡化到一個人行不行？完全可以，只要製表人簽字就好了。但許多生產管理者卻認為不行，上級怎麼能不審核報表呢？但是，大多數上級在收到這些報表後往往是簽字了事，是不會把數據一一核實，再算一遍的。這樣毫不負責的簽字會導致兩個不良後果：第一，簽了字就要對結果負責，萬一報表出錯，簽字人是要負責任的；第二，製表人會放鬆警惕，認為反正有人會審，製表時就可能粗心大意。

報銷出差費用時也可以簡化到只需財務部簽字。因為在所有簽名中，只有財務部會去審核報銷者的費用是否超出了標準，其他部門的簽名只不過是走個過場。

總之，企業的許多表格都可以簡化到一個人簽字即可，只有財務報表是需要兩個人簽字的。

所以，過程並不是越複雜越好，一定要根據實際需要設置工作過程中的各個環節，能不要的環節就去掉。

二、生產管理中保障執行效果的五大要素

1. 制訂執行時間表

為了保證執行的效果，生產管理者就要為員工制訂執行時間表，即規定開始的時間和結束的時間。生產管理者佈置工作時，一定要明確告訴員工工作的期限，不要用「儘快」、「儘量」等模糊的字眼。因為雙方對「儘快」的理解不同，有可能員工理解三天是儘快，而生產管理者卻認為兩天才是儘快。結果，當員工用三天做完事情卻遭到生產管理者責怪時，員工就會覺得委屈——自己已經儘快了，還是沒有讓上級滿意。所以，生產管理者不可以用模糊的字眼，一定要把時間表定下來，即要讓員工知道什麼時候開始、什麼時候結束。

2. 分清輕重緩急

做事情要分輕重緩急。二八原則告訴我們：把 20%的重要的事情做好，就能夠產生 80%的效果。所以，生產管理者要用 80%的時間解決重要的事情，20%的時間處理瑣事。

生產管理者怎樣把握好二八原則呢？向大家介紹一種方法，稱

為「6 點重點工作法」，即生產管理者每天早上上班的第一件事，就是在筆記本上把今天要完成的最重要的 6 件事寫下來，然後開始一一完成。在把第 6 件事情做完後就不要做其他工作了，因為工作效率已經非常高了。如果上午就把最重要的 6 件事做完了，下午工作就會很輕鬆。

在實際工作中，大多數生產管理者是從早忙到晚瞎做一通，也許做了 12 件事情，但還沒有做完 6 件事情的效果好，因為這 6 件事情都是重點工作、關鍵工作。所以，生產管理者早上起來第一件事就要想今天的重要工作是什麼，重要工作千萬不能漏掉，這是執行的關鍵。

3. 做好指令的記錄

當生產管理者去見上級的時候，一定要帶一個筆記本和一支筆。但有的生產管理者就什麼都不帶，上級說第一件事，他說聽到了；說第二件事情，他也說聽到了；說第三件事情，他還說聽到了，上級一說完，他轉身就走了。俗話說「好記性不如爛筆頭」，記錯的時候肯定會有。所以，我們不但要記下上級的指示，在記完以後還可以向他覆述一次他所表達的內容，讓他看看你理解的對不對。

同樣，生產管理者也要告訴你的下屬，讓他們聽你指令的時候做好記錄，如果想當然地認為下屬已理解自己的指令，後果是嚴重的。所以，生產管理者一定要對指令進行確認，看看下屬理解的是不是正確，以減少不必要的偏差。

生產管理者也要告訴你的員工，每次開會時一定要帶本子做記錄，記錄完之後還要讓他覆述，看他是不是真的瞭解了你的所有意思。只有這樣，員工才會有執行力。

4. 執行者的責任心

責任心是個人對自己、他人、家庭、社會所負責任的認識、情感和信念以及與之相應的遵守規範、承擔責任和履行義務的自覺態度，是一個人應具備的基本素養。

具有強烈責任心的員工會認識到自己的工作在集體中的重要性，會把實現集體的目標當做自己的目標。但是，並不是每個員工都會自動成為責任心強的人。所以，為了增強員工的責任心，生產管理者下達命令之後，可以要求員工作出承諾，必要的時候還需要員工簽字確認，因為一個人簽過字與沒簽字的態度與責任心會相差很遠。

簽字很重要。生產管理者還可以用這一方法來培養新入職員的責任心。

員工入廠後都要進行入廠培訓，但員工進廠總是有先後順序的，可能今天來 2 個，明天來 3 個，後天來 5 個。在這種情況下，怎麼安排培訓呢？有的企業是半個月培訓一次，但進廠早的員工就會在這半個月內都不知道工廠的規章制度，那怎麼辦呢？

公司是怎麼做的：把需要員工知道的公司條文、制度、規則等編成一個小冊子，讓員工看。有人可能會說，要是員工不看怎麼辦呢？很簡單，在員工看完後，每個人都要在後面寫一段話：我已經認真閱讀過上面的所有條款，我願意遵守這些條款，如果違反，願意接受任何處分。然後簽上自己的名字。

有了這一條，員工不敢不看，而且會看得十分仔細。當然，我們的目的不是要處罰員工，而是讓他們熟悉公司的各項規章制度，他們看完並記在心裏就達到目的了。實踐證明，一個月對員工講一次規章制度與讓他們自己看一遍相比，後者的效果更好。

員工簽過字與沒簽過字的效果是不一樣的，所以，重要指令發佈下去後一定要向員工確認能不能執行，他說行就讓他簽字，這也是給他壓力、提高他的責任心的好方法。

5. 生產管理者要跟進執行情況

生產管理者不能以為有了制度就萬事大吉了，就放手不管員工，完全依靠員工的自我約束和自我管理。管理不能唯制度論，執行的過程還是要關注的，必要的時候還要去督促、指導員工，對可能發生的事情要進行判斷。

作為生產管理者，有些事情還是需要自己親自去做的，那是你的責任，不是員工的。你授權給員工，你認為他們會像你一樣認真負責，好像不太現實：如果員工和生產管理者做得一樣好，那他們就不會是員工，而是生產管理者了。

生產管理者一定要跟進自己應該跟進的事情，不能只靠制度，一定要身體力行。

三、目標的執行

1. 生產管理者要協助員工執行目標

⑴ 適當授權

生產管理者在給相關部門或員工下達目標時，一定要給予其相應的權限，且責、權、利一定要明確。

⑵ 學會放權

生產管理者要想讓員工比你忙，就要懂得放權。放權存在一個問題，就是容易一放就亂。生產管理者要想做到放而不亂，就一定要分清楚那些事情是員工能夠把握的，那些事情是他們無法把握的。對於那些他們能把握的事情，就不要干涉，放手讓他們去做；對於那些他們不能把握的事情，生產管理者要及時給予指導，等他們學會了再放手。

⑶對執行過程進行控制與管理

很多生產管理者在提出目標、下達指令以後就對員工撒手不管了。等到了期限，如果發現員工沒有完成目標，又會對員工大發脾氣，嚴加責罰。

其實，不是員工錯了，而是生產管理者沒有盡到自己的責任。作為生產管理者，最重要的工作之一就是對員工的執行過程進行控制與管理。

生產管理者應如何控制員工的執行過程呢？如果企業有每週例會，那就讓員工對自己上一週的目標執行情況進行陳述。如果生產管理者發現員工偏離了目標，就必須要求員工在新一週裏改正過來，並對改正情況進行跟蹤檢查。如此一來才能確保目標能夠按時完成。

如果某個員工多次出現問題，生產管理者就要考慮其執行能力是否與任務相匹配。如果認定執行人員確實無能力按時完成工作目標，就要及時換人以保證目標的完成。

⑷提高下屬的工作意願

在員工執行過程中，生產管理者要不斷提高員工的工作意願。提高員工的工作意願有兩種方法：一種是精神激勵，另外一種是物質激勵。

物質激勵中最有效的方法是什麼？是金錢；精神激勵中最好的工具是什麼？是嘴巴。通常情況下，生產管理者只要講幾句好話就勝過長篇累牘的訓話。

會說話的主管會這樣安排員工的工作。首先，他會詢問員工現在有沒有時間。一般來說，員工是不會拒絕的。然後他會以商量的口氣說：「幫我一個忙可以嗎？」

員工當然會說可以。等員工幹完了活兒，他會感激地說：「謝謝你幫了我的大忙，你真能幹。」

當然，如果主管以命令的口氣要求員工完成某項工作，員工是沒法拒絕的。但主管如果能說話婉轉點，完工後對員工的工作多加讚美，員工幹起活來就會熱情高漲，努力把活兒幹得更好，以後甚至會主動問你有什麼事需要他做的。

有句古話叫「好話一句三冬暖，惡語傷人六月寒」。生產管理者要記住多用精神激勵法來鼓舞自己的員工。有時候，一句讚揚的話、一個鼓勵的眼神都是很管用的方法，因為鼓勵永遠比批評的效果好。

有人會問：「如果找來找去怎麼也找不到一件事情來表揚這個部下，怎麼辦？」是人就有優點，之所以找不到部下的優點，絕大多數是因為生產管理者帶著「有色眼鏡」看人，怎麼看人家都不順眼。當然，也可能是這個部下確實太差，差到一個星期都沒做過一件正確的事。如果碰到這種部下，直接「炒掉」就可以了。

激勵員工，提高他們的工作意願，是生產管理者必須做的事情。在員工執行過程中，生產管理者要不斷鼓舞他們的士氣，要用語言和行動告訴他們：我在支援你，你行的，你可以做得更好。

⑸給下屬提供必要的支持與幫助

上司在給員工佈置任務時，員工有兩種應對方法：第一種是先向上司要條件，再答應他；第二種是先答應再要條件。那一種比較好？我認為是第二種，因為這樣做不會讓上司感覺你是一個很講條件的人。

所以，以後碰到上司給你任何任務時，你都要先說保證完成任務，然後再提完成任務需要那些條件。換句話說，你要讓土司知道，你要的條件不滿足，是無法完成任務的。

上司在要求員工去做一份工作時，光提目標是不行的，還要給他提供必要的資源，否則，他是無法完成任務的。這些資源包括：給他提供物力、人力支援，幫他協調與其他部門的工作，等等。如果上司不給員工提供必要的支援，又要讓他完成工作任務，他就會覺得很無助，幹活兒的積極性就會大打折扣。

在面試某個應聘者時，能不能透過一次面試就 100%判斷這個人合不合適呢？不可能。剩下的就要靠試用期來判斷。

針對新員工我們可以做兩件事情：第一，觀察他工作的整個過程；第二，給他提供必要的資源。如果你不給他提供資源，三個月過去了，他沒做出成績，你也不知道是因為他的能力不行還是因為資源不夠。如果你把所有的資源都提供給他，三個月後他還做不出成績，就證明這個人不行，就應該把他淘汰掉。而且，給他提供資源還有一個好處，就是會讓他覺得自己所在的公司很溫暖。

但是，很多企業招來新人後，既不關注他們的工作，也不給他們提供支持與幫助，讓其處於自生自滅的狀態中。過了三個月，你若問他的上司「這個人行不行」，他的上司可能會說還沒看清楚，有些甚至會說還不錯，結果就把他留了下來。可能又過了三個月，他的上司又說這個人不行，要把他辭退。

所以，對於新來的員工，我們必須時刻關注他，給他必要的支持，這是上司對員工最有力的幫助，也是目標執行的關鍵。

2. 員工怎麼執行目標

⑴全面瞭解要執行的目標

作為員工，首先要瞭解公司的目標是什麼、上級的目標是什麼以及「我」的目標是什麼，這些都清楚後才能有效地行動起來。

有的生產管理者不知道別人在做什麼，只知道自己在做什麼，這是不對的。所以，生產管理者在給員工佈置工作時也要告訴他其他人的工作內容，如果只告訴員工只管做好自己的工作就好而不用顧及其他人，他們之間互不瞭解，就不能進行良好的合作。

⑵用 PDCA 做自我管理

員工還要進行自我管理，即每天按照 PDCA 循環做計劃、實施、檢查和改進的工作。對於那些事該做，那些事不該做；那些事要先做，那些事要後做；那些事需要自己做，那些事可以交給別人做，要做到心中有數，而不是糊裏糊塗亂做一通。

⑶與上司適時交換童見

很多生產管理者只顧埋頭苦幹，從不積極向上級彙報自己的工作，這麼做是不對的。作為生產管理者，你在做某項工作時，應該定期向你的上司提交工作報告。工作報告可以是口頭的，也可以用 E-mail。

很多人不理解為什麼要這麼做，道理其實很簡單：上司雖然將權力下放了，但他依然擁有知情權，需要知道員工的執行情況，以便在員工偏離目標或遇到無法解決的困難時，糾正員工，給員工提供支持和幫助。

「怎樣才能讓上級給我加薪資呢？」

「很簡單，你的上級不給你加薪資是因為你做事情從來不向他彙報。所以，在以後的工作過程中，你可以不斷向上級彙報，讓上級知道你正在努力工作；讓上級知道你在碰到一個很大的困難時，不是退縮，而是迎難而上克服困難。你只有時刻讓你的上級知道你在幹什麼，你的上級才會瞭解你的付出，才會想到給你加薪資。」

很多人認為將工作中碰到的難題告訴上級是沒有用的，因為自己做不了的事上級也不一定做得好。事實上，員工辦不到的事情，上級有可能做到。因為上級有更多的資源和權力。一般情況下，員工解決不了的事情，應該彙報給上級，讓他幫助你解決。

總之，在工作中，員工要不斷向上級彙報自己的工作情況；作為上級，不管員工是不是經常向你彙報工作，你都要去跟蹤他們的執行情況，因為大家只有一個目的：確保工作任務的順利完成。

32 目標的追蹤

1. 追蹤的重要性

Check，即追蹤、檢查，檢查的目的主要是透過對目標的跟蹤從而保證目標執行的結果。

對一個部門或者對一個員工進行月考核，月初就為他制訂了目標、計劃，並在其執行過程中對其進行跟蹤檢查，到了月底還要對他進行考核。

目標管理成功的標誌是什麼？是絕大多數員工與部門實現了既定目標。換句話說，當我們進行目標管理時，如果生產管理者能讓目標管理與員工的績效掛鉤、與員工的收入掛鉤，那檢驗目標管理是否成功就是看大多數員工的收入是否增加。如果考核完以後，大多數員工的收入減少了，就說明績效管理、目標管理是失敗的。那怎樣才能保證員工的收入實現增長？

有兩個辦法可供參考：

第一是把目標定低一點。雖然透過這種方法，員工的收入一定增加，但有違目標管理的原則；第二是透過對中間過程的跟蹤與檢查，保證員工能夠完成目標。只要員工實現了目標，就能保證員工的收入能夠得到增加，也保證了企業任務的完成。

所以，企業想讓員工做什麼就應該檢查什麼。

員工也許不會做生產管理者反覆交代的事情，但是他們一定會做生產管理者經常追蹤、檢查的事情。換句話說，你檢查什麼，員工就會做什麼，根本不需要對員工說「這件事情很重要」的空話。另外，生產管理者可以強調這件事情會與員工這個月的考核掛上鉤，員工自然會很在乎。

所以，生產管理一定要對員工的工作進行檢查、考核，不檢查、不考核，員工的工作極有可能是完不成的。

2. 追蹤的目的

首先，追蹤是為了發現員工在目標執行過程中可能出現的偏差，以便生產管理者對其進行及時修正。

其次，生產管理者透過追蹤，可以不斷激發員工的責任意識。

第三，追蹤是為了加強與員工的溝通。溝通對於加強生產管理者與員工的關係有很大的幫助。人與人之間如果缺少溝通，關係就會疏遠，即使是再好的朋友，長久不溝通或是溝通不暢都會導致關係疏遠。在工作中，追蹤是一種很好的溝通方式。

只是一年沒聯繫，以前很要好的朋友就變成了陌生人，為什麼？因為沒有及時溝通。舉這個例子就是要說明，生產管理者每天都很忙，沒有太多機會與員工交流。時間一長，雙方越來越疏遠，最後他不知道你在想什麼，你也不知道他在想什麼，那樣會不利於工作的開展。所以，生產管理者應該經常利用追蹤與員工面對面地溝通、交流，不要總是依賴電子郵件、電話等方式，那些東西都是冷冰冰的，沒有情感交流的，只有面對面的溝通才是最有效的。

生產管理者在發現問題後與員工溝通時，千萬不要一味指責對方，要做到對事不對人，因為把問題解決掉遠比追究責任更重要。只要問題解決了，就算責任人沒找到，問題造成的影響也不會很大。

3. 追蹤的方法

對目標執行情況的追蹤必須是有規律的。例如，一年的目標應每月或每季追蹤一次；每月的目標應每週追蹤一次；每週的目標應每天追蹤一次；每天的目標應兩個小時追蹤一次。為了更好地追蹤目標執行情況，有的企業會製作每日目標卡，卡上不僅要明確標有每兩小時應完成的工作量，旁邊還附有每階段實際完成工作量。

表 32-1　××工廠每日目標卡

時間段	計劃生產數量	實際生產數量	原因	解決方案
8：00～10：00				
10：00～12：00				
13：00～15：00				
15：00～17：00				

一旦發現員工沒有完成工作目標，生產管理者就要檢查問題出在那裏並提出相應的解決方案。例如，如果原因是人手不夠，就要趕緊調配更多的人手；如果是設備壞了，就要馬上進行設備維修。

有的企業還會制訂每月目標追蹤單，目標卡和目標追蹤單在完成追蹤檢查任務上的作用差別不大，可以任選其一，或兩者結合起來使用。

目標執行人每個月填寫目標追蹤單，並將實際完成情況同計劃目標進行對比分析。如果二者有差異，則找出原因並提出相應措施。

每月 15 日前目標執行人應提交目標追蹤單。如果生產管理者和目標追蹤部要求召開目標完成情況彙報會，則應將目標追蹤單於會前交追蹤檢查部門。

表 32-2 月份目標追蹤單

填表日期：　　年　月　日

本月進度		累計進度		目標完成度	得分	自我檢查	處理情形
計劃	實際	計劃	實際				

生產管理者：　　　　　　　　目標執行人：

開會時，首先由目標執行人說明上次會議決議待落實的事項有那些，記錄在追蹤單的那個位置，什麼時候彙報，然後依次彙報。未完成的事項要重點說明原因及準備採取的措施。生產管理者和目標追蹤部可以對其質疑。

若目標執行人無法回答或回答無法令人滿意，且生產管理者認為該問題重要時，應將該問題連同會議上形成的議案及最高管理層直接交辦的事項一起列為交辦事項，並按「交辦事項跟蹤檢查辦法」處理。若是重點檢查項目，則按「重點事項檢查辦法」處理。

目標追蹤部將目標卡和目標追蹤單匯總後整理成總表，擬定意見後報生產管理者審核。

4. 追蹤七原則

(1) 確保目標原則

生產管理者在追蹤員工的工作執行情況時，有人可能會對你說：「報告主管，我們的目標好像定得高了一些，能不能低一點？」

碰到這種情況時，你一定要頂住，不能改。為什麼？如果變更頻繁，目標失去了嚴肅性，也就失去了實現的意義。此外，頻繁變更目標還容易產生以下後果：

首先，員工執行目標時不認真，把目標當成擺設，使實現目標變得不可捉摸；

其次，會導致生產管理者在制訂目標時不嚴肅，形式主義，敷衍了事，使目標的品質大打折扣；

第三，由於目標與目標之間具有密切的相關性，某個目標的改變必然要求企業整個目標體系進行相應的改變，否則目標體系就無法維持；

第四，改變整個目標體系的工作極其複雜，不僅增加管理工作量，而且加大了管理難度，會導致企業管理成本的上升；

第五，由於目標執行的進度不一，調整目標體系會打亂企業現行的生產經營秩序和各項工作間的平衡，使企業陷入混亂；

第六，目標管理把目標與員工利益上的得失緊密聯繫在一起，目標體系的變動必然帶來利益的變動，而利益的變動對所有人來說不是均等的，就會有人反對，也會有人竊喜，企業內部的團結協作就會出現裂縫。

但是，目標也不是一經制訂就決不能改變，在某些特殊情況下，是要進行適當調整的。例如說，碰到像「非典」那樣的特殊時期，你要求業務員完成月銷售額 50 萬元，結果 5 萬元都做不到，你能讓員工喝西北風嗎？當然不能。所以，當生產管理者發現員工無論如何也完不成目標，如果堅持原有的考核標準，他們的自信心將會受到毀滅性打擊時，就有必要調整目標了。當然，最終決定權不在生產管理者手上，生產管理者需要將現實情況填寫成目標修正卡交由上級，由他們來做決定。

表 32-3　目標修正卡

執行部門：　　　　　執行人：　　　　　填表日期：　　年　月　日

<table>
<tr><td colspan="2">目標</td><td colspan="2">工作計劃</td><td colspan="12">原定進度（月）</td></tr>
<tr><td rowspan="2">原定目標</td><td rowspan="2">修正目標</td><td rowspan="2">原定計劃</td><td rowspan="2">修正計劃</td><td>1</td><td>2</td><td>3</td><td>4</td><td>5</td><td>6</td><td>7</td><td>8</td><td>9</td><td>10</td><td>11</td><td>12</td></tr>
<tr><td></td><td></td><td></td><td></td><td></td><td></td><td></td><td></td><td></td><td></td><td></td><td></td></tr>
<tr><td rowspan="3"></td><td rowspan="3"></td><td rowspan="3"></td><td rowspan="3"></td><td colspan="12">修正進度（月）</td></tr>
<tr><td>1</td><td>2</td><td>3</td><td>4</td><td>5</td><td>6</td><td>7</td><td>8</td><td>9</td><td>10</td><td>11</td><td>12</td></tr>
<tr><td></td><td></td><td></td><td></td><td></td><td></td><td></td><td></td><td></td><td></td><td></td><td></td></tr>
<tr><td colspan="4">修正原因</td><td colspan="12"></td></tr>
<tr><td colspan="4">審　核</td><td colspan="12"></td></tr>
</table>

生產管理者需要注意的是，修改目標的想法不能由員工提出來，否則他在執行時可能遇到一點兒困難就想撤退。你必須讓員工明白，目標一旦確定，他們只能往前衝，不能向後退。

⑵效率原則

檢查應力求用最少的成本來最大限度地達成目的，其最低界限是因檢查而提高的效益要高於檢查成本。

⑶責任原則

責任原則指在員工在整個執行過程中，責、權、利是否分清楚了。如果分不清楚，就不容易完成任務。

⑷標準原則

標準原則指追蹤要按事先制訂的標準去檢查，特別是時間進度標準及目標階段性達成的標準，否則無法作出準確的判斷。

⑸關鍵因素原則

關鍵因素原則指生產管理者要追蹤最關鍵的地方。一般來說，工作做不好，不是因為到處都有問題，而是幾個關鍵點出了問題。追蹤檢查不能事無巨細、面面俱到，生產管理者要把精力放在對一些關鍵因素的追蹤檢查上。否則就會浪費資源，檢查效率也無法提高。

怎麼找出這些關鍵點呢？在做計劃的時候就預想工作過程中最容易出問題的地方在那裏。追蹤檢查時，就重點檢查那些最容易出問題的人和事。

⑹例外原則

例外原則指具體問題具體分析，要用變化的眼光看問題。例如，遇到像「非典」、天災等不可抗拒的因素，就應該作為例外情況來處理。

⑺行動原則

即使不知道一項工作怎麼開展也要先做，動起來再說，因為有些事情只有做了才知道該怎麼做。我們強調做計劃的必要性，但是不能等到把計劃做得十全十美、萬無一失了再去執行，這樣不現實。計劃能做到六七成就可以了，在做的過程中再進行調整。

所以，有人說「先開槍，再瞄準」，偏左了，調右一點，偏右了，調左一點，透過不斷調整，就能打到準心。

總之，對目標實行追蹤的根本目的是確保目標的實現，而不是檢查本身。

5. 追蹤的重點

追蹤的重點有三個，即建立授權檢查制度、事故報告制度和考核制度。

⑴ 授權檢查制度

一般公司都會制定權責劃分表，將總經理、經理、主任、員工的權責清清楚楚寫在上面。例如，那些事情應該先由員工提出來，再由主任審核，經理批准；那些事情應該由主任提出來，經理審核，總經理批准。

有人說：「我們公司也有種權責劃分表，但並不是每個人都知道自己的責權有那些，執行起來也並不嚴格。所以，我們就沒法跟蹤，最後出了問題也不知道應該找誰。」

所以，企業不要以為做好一張責權劃分表責權就分清楚了，還要建立相應的授權制度。

⑵ 事故報告制度

員工在工作的過程中應盡可能多地向上司報告，但怎麼報告、那些情況要報告、多久報告一次、向誰報告等問題都要透過建立制度固定下來，即企業要建立事故報告制度。企業只有建立了事故報告制度，才能確保員工有問題時會及時向上級報告。

企業做了這樣的規定：當員工工作進展完全順利時，應每週報告一次；碰到無法解決的問題時應該馬上報告直屬上司。另外，該企業對員工碰到什麼問題應該報告到那一級都有規定。例如，碰到小問題報給經理，碰到重要問題報給副總，碰到大問題要報給總經理，碰到重大問題要報給董事長。

⑶考核制度

追蹤考核制度的目的是確定企業的考核標準以及獎懲力度是不是合適。如果考核標準不科學，獎懲力度不對，導致做得好的得錢少，做不好的反而得錢多，問題就大了。

對員工應該是獎多罰少、獎懲相當還是獎少懲多？實際應該是獎多懲少或者獎懲相當，絕對不能獎少懲多。

有很多人會問：「員工做錯了，我不懲罰他，他又會再犯；我懲罰他，他心生不滿，怎麼辦？到底懲罰還是不懲罰？」

當然要懲罰，但懲罰不是目的而是手段，是要員工認識到自己的錯誤並改正過來。如何才能讓員工明白這一點呢？就要建立罰金返還制度。

一家企業老闆說：「你犯了一個錯，就罰你500元並寫好字據，字據上還要寫著『只要三個月之內不犯同樣的錯，就把這500元還給你』的字樣。」

以前，如果生產管理者罰員工500元，他就會「破罐子破摔」，大生氣。現在罰他500元，告訴他三個月內如果再犯同樣的錯誤，這500元就真的沒收了；如果他能保證三個月內不犯同樣的錯誤，這500元就還是他的。

罰金返還制度效果很好，很多人都能獲得返還的罰金。

罰款不是目的，目的是幫助員工改正錯誤。如果你罰了員工的款不返還，員工就會有想法，甚至說企業這樣做是因為沒錢了。如果建立罰金返還制度，員工就會努力改正錯誤。

33 主管要走動管理，減少意外問題

1. 出現問題一定要到現場跟進

現場管理的金科玉律是，當問題發生時，生產管理者應該馬上到現場去解決問題。

以前，只要生產現場出了問題，企業的生產管理者不可以打電話讓生產現場人員到辦公室來。發現問題時，生產管理者不准打電話叫現場人員上來，必須自己到現場去。

員工一天八小時在現場都能過，生產管理者下去半小時都不行嗎？很多問題到現場反而解決得快。

每個班組長下班之前一定要弄清楚明天用的材料在那裏。如果發現明天的材料已經在倉庫，並且已經檢驗好了，就可以回家休息；如果發現材料已經到了倉庫卻沒有檢驗，就要找品質部。告訴他們今晚必須檢驗好，到了晚上還要打電話問他們檢驗的結果；如果發現貨還在原料事業部的工廠裏面，就要派人去跟進。為什麼要派人去跟進呢？因為原料事業部有時會做得很過分。例如，說好晚上一點鐘換線生產這個原材料，到了一點鐘，如果沒人催促。他就不換線，到了第二天他則輕描淡寫地說一句「對不起，沒貨了」。如果有人跟進，到了一點鐘一看還沒換線，就可以讓原料事業部的人馬上換過來。如果他們不換，就打電話報告上級。所以，有時候就需要這麼跟進，你不這麼跟進就完不成任務。

採購、跟進供應商的貨也是同樣道理。例如，當採購員打電話問供應商貨是否有貨時，供應商可能說沒有。如果是比較有經驗的採購員，就會馬上開車到供應商那裏，看到貨就拉上車。之所以要這樣做，是因為一些緊缺的貨會有很多客戶來搶，誰去跟進，供應商就會把貨給誰。所以，在這種情況下一定要跟得緊，一定要到現場去。

2. 現場管理容易漏掉的兩步

當問題發生時，馬上去現場，並採取適當的處置措施。很多生產管理者認為做到這一步就完成任務了，其實不然，後面還有兩步：挖掘問題產生的真正原因並將其解決，然後將其標準化防止此類問題再次發生。

生產管理者一定要記得，解決完問題後，要花點時間討論問題是怎麼發生的，原因在那裏。如果沒有找到問題出現的原因並予以解決，這個問題可能還會再次發生。打個比方，一個聰明人不是不會摔跤，而是不會在同一個地方連摔幾跤。同樣，一個優秀的生產管理者不可能讓企業完全沒有問題，只是不會讓同樣的問題重覆發生。

對此，公司是這樣規定的：員工第一次發現問題並報告時有獎勵，第二次報告同樣的問題時不獎不罰，第三次如果還是報告同樣的問題就要給予處罰。而有的企業卻是在員工第一次發現並報告問題時就處罰他。這樣做的結果是：有了問題員工也不說，因為說出來就會被處罰，不說反而沒事。

生產管理者一定要注意：員工第一次發現問題時要獎勵，要不然問題就會被員工掩蓋起來；同樣的問題第二次發現時就要批評員工，第三次發現就要處罰員工。

之所以要及時到現場處理問題，是因為如果舊的問題不解決，問題就會越積越多，必將影響工作的開展。打個比方，假設每個月會產生一個新問題，生產管理者碰到後就立即解決掉，那他每個月只要面對一個新問題就好了；如果舊問題重覆發生，一年後的第一個月，生產管理者至少要面臨十二個問題，這種情況是很糟糕的。

總之，碰到問題時，生產管理者要找出問題產生的真正原因並把它解決掉，然後要將正確的方法標準化以防止類似問題再次發生。

走動管理，到生產現場去檢查，是生產管理者檢查員工執行情況的一個重要方法。如果生產管理者只坐在辦公室透過打電話的方式檢查員工工作，即使他們弄虛作假，生產管理者也不知道。如果生產管理者經常到現場去，員工想弄虛作假都不可能。

現場管理的好處非常多：首先，容易發現問題。生產管理者在現場走動時，現場的幹部與員工正在工作，生產管理者就可以很清楚地知道他們的工作情況，瞭解生產實際，也可以及時發現問題並予以解決。

其次，能鼓舞員工的士氣。員工看到總經理親自下工廠，心裏會受到鼓舞。身為生產管理者，你要明白員工每天在工廠要工作 8 個小時，而自己才去巡視 10 分鐘甚至 5 分鐘，這已經是對員工很不公平了。有時候做老闆、總經理的，要站在員工的角度思考一下，也應該體諒一下他們。

再次，生產管理者多到現場走動，員工才不敢蒙你。生產管理者時不時就來工廠走動、巡視，員工才會對你說真話，因為你都看到了，他不能不說實話。

3. 現場發現問題要挖掘真實原因

找到原因後，生產管理者也不能停止探究，因為這些原因可能是表面的、次要的，我們應多問幾個為什麼，發掘問題背後的根本原因、主要原因。

5S 現場管理法中有一點就是清掃，即把工作場所打掃乾淨。因為在生產過程中，機器會產生污垢，會弄髒生產現場。但是，光打掃乾淨是不夠的，一定要知道機器產生污垢的原因，要追究到底。不追究到底，機器產生污垢的問題就解決不了，問題就會不斷發生，員工就會疲於打掃。

為什麼停機了？(機器超載，保險燒了)

為什麼會超載？(軸承潤滑不夠)

為什麼潤滑不夠？(機油泵沒抽上足夠的油)

為什麼油泵抽油不夠？(泵體軸磨損)

為什麼泵體軸磨損？(金屬屑被吸入泵中)

為什麼金屬屑被吸入泵中？(吸油泵沒有篩檢)

找問題就是要一步一步地找到根本原因，不能半途而廢。如果半途而廢，問題就解決不了。

檢查與追蹤就是要進行現場管理，在現場發現問題、解決問題。不管你是多高級別的主管也要記得多到現場去，特別是到生產一線去，到最基層去。只有這樣，你才能瞭解最基本的生產情況，才能與你的員工打成一片，才能更好地管理他們。

4. 管制品質要適時巡查現場

以品質管制為例，雖然生產經理不可能總堅守在作業現場，但為了品質的控制管理，進行適時的現場巡查是很有必要的。

現場巡查不僅要抽檢產品，還須檢查影響產品品質的生產因素(5M1E——人員、機器、材料、方法、環境、測量)。巡檢以抽查產品為主，而對生產線的巡檢，以檢查影響產品品質的生產因素為主。生產因素的檢查內容包括：

(1)當操作者有變化時，對人員的教育培訓以及評價有無及時實施。

(2)設備、工具、工裝、計量器具在日常使用時，有無定期對其進行檢查、校正、保養，是否處於正常狀態。

(3)物料和零件在工序中的擺放、搬運及拿取方法是否會造成物料不良。

(4)不良品有無明顯標誌並放置在規定區域。

(5)技術文件(作業指導書之類)能否正確指導生產，技術文件是否齊全並得到遵守。

(6)產品的標誌和記錄能否保證可追溯性。

(7)生產環境是否滿足產品生產的需求，有無產品、物料散落在地面上。

(8)對生產中的問題，是否採取了改善措施。

(9)操作者能否勝任工作。

(10)生產因素變換時(換活、修機、換模、換料)是否按要求通知質檢員到場驗證，等等。

以下是某工廠的某生產線員工 A 的「每日作業實績表」示例。

(1)使用每日作業實績表

作業實績表是對部門、員工每日工作內容的詳細記錄，是現場品質控制的寶庫。透過每日查核「作業實績表」，可以有效地掌握現場的工作進度，同時能從「作業實績表」中發現工作中存在的品質問題並加以改善。

表 33-1 員工 A 的作業實績表

作業週期	作業內容	所花時間	作業價值	備註
8：00～12：00	A產品品號的選別	4小時	不產生價值	A產品品號的選別作業是不能向客戶要求代替的
13：00～15：00	參加工作會議	2小時	不產生價值	會議，客戶也不買單
15：00～16：30	B品號的打孔	1.5小時	產生價值	90分鐘打了470孔可直接為工廠賺到200元
16：30～17：00	A品號的選別	0.5小時	不產生價值	
分析說明	A員工當日有價值的工作只有1.5小時，所以對員工工作實績的檢查就從其餘的6.5小時作業內容開始著手			

(2)分時間段巡查

生產經理在巡查時必須先確定巡查的內容，並分不同的時間段去巡查，能發現不同的問題，並及時地處理。

①早上 30 分鐘全區巡查

在巡查時要帶上生產助理，如果發現與品質有關的問題，要嚴格對待，並及時查清原因，對一時不能明瞭的問題，立即派人去調查。然後召開現場會，將各班組長集中與相關負責人共同評價剛才所發現的工作問題，並立即下達新的指示。

②下班前 30 分鐘巡查

下班前 30 分鐘對現場進行巡查，主要檢查以下內容：

· 查看各種機器設備的運行情況。

· 查看當日的具體生產數量，並瞭解不良品的相關情形。

· 觀察作業人員的受傷或健康狀態。

· 聽取有關工作遲延、製品不良，以及與其他部門之間的糾紛等當日問題點的報告。

· 綜合這些問題點，部門之間的問題親自聯絡並及時向員工回饋聯絡進度。

在每次巡查後，要及時將各種品質問題進行記錄，以便為進行生產改善和與品質部門的溝通提供參考資料。

心得欄

34 工作品質的改善

PDCA 循環最後一個環節是 Action，即改進、改善。

我們經常說：「能夠改變的東西就去改變它，不能改變的東西就去改進或者改善它。」不能改善的東西怎麼辦呢？去適應它：不能適應的東西怎麼辦呢？選擇它。

作為生產管理者，要經常去改善或者改進工作品質。為什麼不說改變，而要說改進與改善？因為改變太難，改進則很容易，所謂的改進就是小範圍地一步一步地改。

生產管理者的工作有兩項：一是維持，二是改進。對於不同崗位的人來說，工作的側重點是不一樣的(見圖 34-1)。

圖 34-1 改進與維持的關係

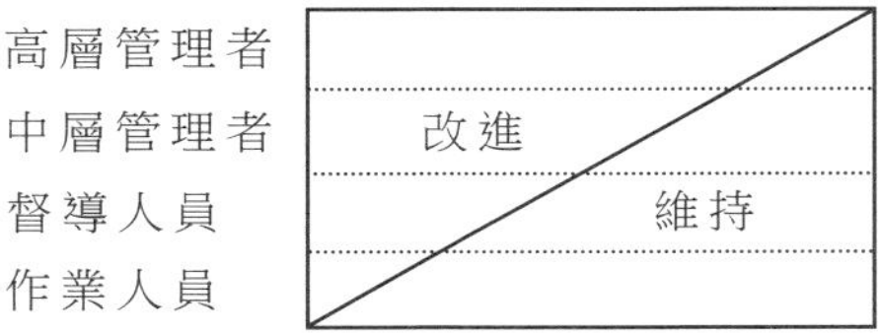

作業人員的絕大多數工作應注重維持，少部份需做改進；督導人員即班組長有六七成工作是做維持，三四成工作做改進；中層管理者做改進的工作更多一些，高層管理者需做改進的就更多一些。可見，級別越高越要多做改進的工作。也就是說，級別越高的人越要有創新精神，沒有創新精神就不可能企業進步。現在的市場競爭十分激烈，大多數的企業不做改進，就沒辦法生存。

不同級別的生產管理者都要做改進的工作。談到改進，大家會聯想到另一個概念創新，但創新與改進是有區別的，創新的動作比較大，改進的動作則比較溫和，更容易被人接受。

持續不斷的努力可以產生小步的改進，最後累積成大的突變，這就是改進的作用。

1. 改進品質控制方法

企業可以透過 IQC（來料品質控制）、IPQC（制程控制）和 OQC（出貨品質管制）來控制產品品質。其中，生產管理者最應該重視 IPQC，如果 IPQC 做得好，IQC 和 OQC 甚至可以取消掉。

如果取消 IQC，廠家可以省略檢驗產品的過程，從而節約了時間，提高了效率，且操作過程將變得非常簡單：企業與供應商簽訂供貨合約，供應商保證提供的產品都是優質的。一旦廠家在生產過程中發現產品有問題，所有損失都應由供應商承擔。如此一來，供應商就不敢把品質不好的原材料送過來了。

2. 降低人力成本

工廠的工作生產率高不高，主要看其直接員工與間接員工的比例是否合適。

工廠要賺錢，就要降低成本。間接人員比例過大，會導致成本居高不下。首先，間接人員比直接人員的薪資要高出許多；其次，間接員工需要辦公室、冷氣機、電腦等辦公場所和設備，但直接員工就不需要這些；間接員工的福利要比直接員工好；由於間接員工中有一部份人處於管理層，他們一旦做出錯誤的決定，將會給企業造成巨大的損失。

例如，間接員工中薪資最高的可能是總經理，他一個月可能就能拿到 1 萬元。如果他做錯了一個決定，企業可能會損失 10 萬元、100 萬元甚至更多，但直接員工則不會。

總之，間接員工比例越大的的企業，運作成本就越高，競爭力就越弱。所以，要想在企業人力成本上有所改進，就要降低間接人員所佔比例。

3. 改進企業品質

企業品質包括工作品質、服務品質和產品品質。

(1)工作品質

大家對產品品質的概念可能很清楚，但對工作品質的概念可能就比較模糊了。可以說，企業的每一個崗位都對工作品質有明確要求。對於直接員工來說，其工作品質是透過產品品質宋體現的，比較直觀。而間接員工的工作品質則必須透過對直接員工的服務來判斷，標準不是那麼好把握。

員工的工作品質將會保持高位運行，員工的工作效率會越來越高，企業的成本會越來越低，發展也會越來越好。

(2)服務品質

服務品質，簡單地講，就是被服務者對服務人員的期望與被服務後的感覺之間的差距。在當今社會，不同行業之間的業務聯繫可以叫做服務，同一企業內不同部門之間的工作來往也可以叫服務。

有的人說「部門與部門之間最好的服務方式是溝通」，但是，溝通需要花費大量的時間，而時間也是成本。如果什麼事情都要等商量好了再做，那家企業也承受不了這樣高的成本。所以，部門之間最好的服務方式是依流程辦事。什麼是流程？把文件交給你，5

分鐘以後你簽回交給我，我簽字後再下達給他，10 分鐘以後他轉交給另一位同事，這就是流程。

要想提高企業內部服務品質，首先要制訂部門與部門之間的工作流程，然後大家依程序辦事，最後達到不溝自通的境界。

但是，部門之間的業務五花八門，不可能事事都制訂詳細的流程，這就需要溝通來做補充。

如何制訂目標的時候，主要講述的是如何制訂生產部門的目標，那間接部門的目標應該怎麼制訂呢？

把直接生產部門的主管聚在一起，讓他們說出對間接部門的要求。如果要求是合理的，就將這些要求作為間接部門的工作目標。因為間接部門服務的對象是直接生產部門，它的服務品質高不高，問直接生產部門就可以了。

一家企業有好幾個事業部，上一個事業部生產的產品會作為原料提供給下一個事業部。從這個層面上講，下一個事業部就是上一個事業部的客戶。

上一個事業部除了不斷給內部其他事業部供貨外，還給外面的客戶供貨，但他們對外面的客戶特別客氣，對企業內部的客戶就很不客氣。他們認為大家都是在同一個老闆手下幹活，即使不客氣也不會出什麼大問題。

要想改變這種狀況，只有把下一個事業部變成真正的客戶。這家企業在投訴這方面是這麼規定的：重要客戶投訴一次扣的分相當於普通客戶的 3 倍。

當企業出了這規定後，事業部的服務態度就完全改變了。

「下一個流程就是內部客戶」告訴我們，要像對待外部客戶一樣對待內部客戶，因為下一個流程有權退你的貨、有權罰你的款、有權不買你的產品。如此一來，就把上一流程的事業部的服務意識逼出來了。如果不這樣，他會越做越差，最終被淘汰。「下一個流程是內部客戶」就是把企業內部流程分段，讓下一個流程變成上一個流程的服務對象。

很多企業比較注重產品品質，把工作品質和服務品質都疏忽了。請問總經理有沒有可能出現工作品質問題？當然會。總經理的決策如果出現錯誤，對公司造成的後果將是毀滅性的。所以，總經理的工作也要講品質，也要講品質。

4. 用數據和事實說話

用數據和事實說話，因為瞭解問題真相的唯一途徑就是數據資料。

怎麼去說服自己的上司？其中最重要的方法就是一定要用數據和事實說話。

很多人在說服上司的時候是這樣說的:「這件事情我感覺是這樣子的……」上司一聽你說是「感覺」的，他就回答你一句「知道了」，然後就不理你了。因為你沒有數據資料，上司怎麼可能聽你的？所以，你要說服上司，就要告訴上司你這麼說有什麼數據證明、有什麼事實依據。上司一看你既有數據又有事實，才會認真考慮你的意見。

另外，給上司提建議時還要注意表達方式。最好的方法是書面建議，特別是反映的問題比較複雜時，更應如此。如果只有口頭表述，上司不一定有那麼多時間聽你說完，也許你才說了兩句，他就告訴你他明白了。而且，口頭表達容易邏輯不嚴密，甚至有說錯的可能。上司一聽你說錯了，可能就立馬讓你打住，你就沒機會講了。

書面建議比較好，雖然也會寫錯，但是可以修改，而且時間會比較充裕，可以修改多次。這樣出錯的概率肯定很小，而且事實清晰，推理也會層次分明。這樣的意見上司一定會看，有時候甚至會多看幾遍。只要你提的建議有道理、有數據、有可行性，上司就會聽你的。

管理一定要用數據說話，沒有數據統統都是廢話，只有數據才能說明問題。

例如，不良率由 0.7 降到 0.5，交貨延遲率從每個月延遲 4 次變成 1 次，這些就是非常準確的數字，是一看就假不了的數字，這才是管理裏面比較重要的東西。

心得欄

35 善用提案建議制度來解決問題

很多人認為提案建議制度就是提合理化建議。這樣理解是不對的，它們有相似的地方，但也有不同的地方。大多數企業的合理化制度的壽命都很短，基本都會經歷這樣一個過程：開始員工的建議很多，後來越來越少，最後建議箱上全是灰塵，員工完全不提建議了。在幾乎所有企業，合理化制度都是這種命運，不同的是有的企業時間長一些，有的企業時間短一些。長一些的幾年，短一些的只有一年，甚至半年。但提案建議制度不會如此終結，我們先來瞭解提案建議制度的幾個原則：

由於企業對合理化建議沒有作出任何強制性規定，所以沒有人堅持，而提案建議制度是強迫性的。假設有一個工廠，工廠有三個工廠，工廠在提案建議制度裏規定每個工廠每個月至少要有三個提案，只要少於三個提案，就要扣工廠主任的提案獎金。一個工廠如果有三個組，工廠主任就會把指標分解下去，要求每個組長每個月至少要有一個提案，沒有提案就扣組長的提案獎金。於是，組長會要求員工做提案，甚至組長會教員工怎麼做提案。這樣一來，工廠每個月至少能獲得 9 個提案。

因為有處罰措施，相關人員就會積極辦事。但這麼做的目的不是為了扣錢，只是為了給員工壓力，讓他們認真執行工廠的提案建議制度。

合理化建議對建議者的獎勵是這樣的：被採納有獎金，未採納沒獎金。如果員工提出的建議從來沒有被採納，慢慢地，他們的熱情就沒有了，也不會再提建議。而提案建議制度是有提案就有獎勵，即使獎金比較少，也會對員工起到鼓舞的作用。若無獎金，也可以採取其他獎勵方式，例如在企業的公告欄上張貼提建議員工的照片，或將其照片刊登在企業內部刊物上面，這些都是有效的激勵方法。

企業要鼓勵大多數員工提案。提案有兩個指標：第一個指標是每 100 個人要有多少件提案；第二個指標是有多少人提案。例如，兩個部門各有 100 人，就看那一個部門提案多；如果兩個部門都提了 10 個提案，但是有個部門是 2 個人提的，而另一個部門是 10 個人提的，後者就做得比較好，因為員工的參與度比較高。

如果被採納的提案產生了經濟效益，應該給予提案者重獎。

某個員工的提案在實施一年後，幫公司節省了 10 萬元。10%不算重獎，50%～100%才叫重獎，因為再怎麼獎公司都賺了。但大多數企業不會這麼做，獎太多老闆會心疼，至多是 50%。

50%的獎勵還是合理的，如果老闆心態好，獎到 100%的效果全更好。

做提案建議還有一條原則就是要教員工一些方法，教他們怎麼去找問題。例如，之前說到的 5W1H、4M、魚骨圖、腦力激盪法，等等，都要教給員工，讓他們懂得這些方法，利用這些方法去發現問題與解決問題。

問題最容易被基層員工發現，如果等到生產管理者發現問題就太晚了。如果每個員工都能發現問題並解決問題，生產管理者的工作也會很輕鬆。

總之，只要企業能夠按照這五招去做：第一招強迫，第二招提案有獎，第三招鼓勵大多人提案，第四招提案有效有重獎，第五招，教給員工做提案建議的方法，提案建議制度就會一直持續下去，永遠不會停止。提案建議制度堅持一年下來，有形的成果是給公司省了不少錢，還有一個無形成果，可能比有形成果還重要，那就是讓每位員工都可以積極地工作，並且是比較快樂地工作。

36 品管圈 QCC 改善手法

QCC 是英文 Quality Control Circle 的縮寫，意為「品管圈」，它是由在相同、相近或互補工作崗位上的員工自動自發組成數人一圈的小圈團體，然後全體合作、集思廣益，按照一定的活動程序進行活動。所以，品管圈又被稱為「小集團活動」。

改善企業或部門的某些問題，目的是提高員工的效率和企業的經濟效益。

1. 品管圈的特性

生產管理者常常感到困惑：企業規模大了，員工多了，利潤反而降低了。實踐證明，企業內部運作管理中 40%的成本源於管理和產品的過失及浪費，員工缺乏改善意識和改善方法，缺少改善的動力。而企業建立 QCC 的目的就是要讓員工積極參與到企業的改善工作中去，使他們的改善意識得以增強，並學會改進工作的方法。

首先，它覆蓋面很廣。企業所有有工作關係的員工，上至公司高層，下至普通員工都可以參加 QCC 活動。員工可以自願參加，並進行自我管理，不存在強制性。

QCC 活動由員工自發組成，公司高層只提供實施 QCC 活動的條件和獎勵機制。QCC 活動遵循規定的工作程序，採用科學的統計技術和工具來分析、解決問題。QCC 涉及的人員範圍不大，通常為 3～10 人，因此可以隨時組織人員活動，且投資小、見效快。QCC 活動遵循 PDCA 循環，使問題得到持續改進。

2. 品管圈的步驟

首先，在每次活動之前，組員提出每人提出 2～3 個問題點，並列出問題點一覽表。

其次，在活動現場，以民主形式投票產生當日 QCC 活動的主題，主題的選定以在 3 個月左右能解決為原則。

第三，組員提出選定當日主題的理由，討論並定案。

第四，制訂活動計劃及進度表，並決定適合每一個組員的職責和工作分工。

第五，主題決定後要呈報部門直接主管審核，批准後方能成為正式的品管圈活動主題。

第六，活動計劃表交 QCC 推行委員會備案存檔。

自 20 世紀 60 年代日本推出 QCC 活動以來，這一做法在全世界得到推廣。但是，由於許多企業並沒有扎扎實實去做，QCC 逐漸流於形式。

37 「四不放過」解決管理問題

很多制度都是很完善的，方法也不錯且行之有效，之所以效率不高，關鍵是欠缺執行力，又缺乏良好的考核制度。

用「四不放過」原則來解決工作中發現的問題，制訂了一個「四不放過問題記錄表」。

這也是 PDCA 循環中計劃的一部份，目的是把「四不放過」原則變成一個行動方案，然後讓員工實施。

表 37-1　四不放過問題記錄表

序號	日期	事故現狀描述	應急措施	原因分析	責任人處理	橫向展開教育	改善對策	備註

1. 如何記錄問題

對問題進行分類與記錄也可以透過表格來完成。

工作中，曾出現過邁高的膠皮到 HSG 的尺寸偏長的問題。當時，我們做了記錄，以序號 1 來表示。之所以會出現這一問題，是由於脫皮的定位尺寸未做標記，也未給員工明確的標準，而品檢人員也沒有嚴格按產品標準進行檢驗。採取的措施是馬上返工，然後對責任人進行通報批評。

表 37-2 問題記錄表

序號	日期	事故現狀描述	應急措施	原因分析	責任人處理	橫向展開教育	改善對策	備註
1	11/15	邁高膠皮到HSG尺寸偏長(內部抱怨)	返工	① 脫皮定位尺寸未標記 ② 品檢員沒有嚴格按產品標準檢驗	責任人通報批評	對本部門所有班組長作橫向展開專案品質教育	① 對脫皮機定位尺寸並用膠水粘牢 ② 要求品檢員嚴格按圖紙尺寸檢查作判定，不良品及時挑出，班組長不定時作檢查	C
2	11/28	生管輸單錯誤(訂單3438PCS在打生產通知單時輸為34407PCS	立即停止生產，查清損失金額為41398元	責任人工作沒有做到位、粗心大意，打好生產通知單後沒有再次核對業務訂單	對責任人進行相應的處罰教育	對本次異常展開橫向教育	更改作業流程，追加K3內部審核權	C

同時對其他部門的班組長展開專案品質教育。之所以要這麼做，是因為當時工廠裏有很多生產線，每條生產線由許多工位組成，雖然只是某個工位發生的問題，但這一問題也可能在其他工位發生，所以也要對其他工位的班組長進行培訓，並要求班組長回去以後，對他的員工進行品質教育。

針對這個問題，採取了以下改善措施：對脫皮機定位尺寸並用膠水粘牢。這樣，線頂過去剛剛好，誰也不會弄錯；要求品檢人員嚴格按圖紙尺寸檢查作判定，經常測量尺寸對不對；對班組長的工作也要進行抽查。表格中的 C 是我們將問題定的級別，表明問題的嚴重程度。

每一個問題都可以用這種方法記錄，並把它們做成電子文檔保存在電腦裏面。一旦問題重覆出現，我們就可以查看其發生的次數，並做好備註。當然，記錄表裏面最好列出對原因的分析，也要有相應的措施，這樣才能把 PDCA 落到實處。

2. 按輕重程度對問題進行分類

表 37-3 的備註欄裏有 B、C 等字母，這是企業對問題輕重程度的一種分類。生產管理者應對不同嚴重程度的問題給予不同的處理時間。例如，對 A 類問題，企業要求生產管理者要在 2 小時內把應急措施、原因分析、責任人處理等工作做完，在 24 小時之內進行橫向展開專案品質教育並採取改善措施。B 類問題要在 4 個小時內處理完畢，C 類問題要在 8 小時內處理完畢。

解決問題必須按問題的嚴重程度逐一處理，越重要緊急的問題，處理的時間會越短，以減少損失。

表 37-3 按輕重程度對問題進行分類

問題類型	應急措施/原因分析/責任人處理	橫向展開專案品質教育/改善措施
A類	2小時內	24小時
B類	4小時內	24小時
C類	8小時內	48小時

3. 召開會議，進行檢討

一家企業，該企業有四個事業部，每個事業部生產一種產品。開週例會時，每個事業部都把他們生產的產品拿來給我看。

定期開會有什麼好處？它可以使相同的問題不會重覆第二次。有時候，幾個工廠生產的產品是一樣的，當某個工廠出現問題時，也可以對其他工廠進行橫向展開專案品質教育，同時也便於及時瞭解相關部門的工作進展情況，以便及時發現問題、處理問題。

定期開會還有一個好處，就是透過半年或者一年的積累，企業可以把所有遇到的問題編成一個「問題集」或者叫做「產品的常見問題彙集」。例如，某個產品經常會碰到的 A 類問題有那些、B 類問題有那些、C 類問題有那些，碰到某類問題時應該採取什麼措施、什麼措施才是最好的，等等。改善對策使用以後，要在備註處標明這個問題有沒有得到徹底解決，如果沒有徹底解決，改善對策就是無效的，還得重新做。

另外，開會的時候把問題拿出來討論，有利於集中大家的智慧。當一個問題提出來的時候，可能就會有人提出不同意見：原因分析好像不對、應該怎麼分析、應急措施好像不對、有什麼更好的方法，等等。透過討論，生產管理者收集了不同意見之後再回去修改問題記錄表，問題就有可能得到更快的解決。

38 如何解決「外觀不良」的改善

經理：上週有問題：

操作員未按標準執行，導致焊錫機溫度調配不當；對策：所有操作均按標準執行，焊錫時間不超過 2 秒。

外模料與非移料混用。原因：倉庫進料時，將普通料與非移料的標籤寫錯。

現場技術員有疑問卻沒有找現場品管員確認，未將情況反映給上級；對策：將倉庫中的所有 PVC 料的標誌進行修改，並做一個加料記錄表，將生產名稱、加料時間、分量等登記清楚，現場品管員兩個小時確認一次，發現問題立即停機。

外被剝斷芯線，對策：改用微型刀；套管截錯，對策：工程資料檢討與變更。

這就是利用週例會來檢討「四不放過問題」的記錄。

1. 找準問題，制訂目標

案例：電腦線外觀不良的改善

研究理由：客戶對電腦線的不良率要求非常苛刻，而電腦線外觀不良率佔電腦線總不良率的 80%以上，由此引起客戶抱怨和退貨的情況時有發生。

改善目標：將電腦線外觀不良率從 2.68%降到 0.68%。

針對此問題，首先應該把握現狀、研究解決方案，然後找到改善目標。

2. 用表格統計所有不良數據

這一步在 QC 手法裏叫查檢，即把所有的不良項目找出來，如尺寸不良、表面不良、碰傷，等等，然後將其所有數據用表格一一列出來。

表 38-1　電腦線外觀不良查檢表

日期 不良項目	10月8日	10月9日	10月10日	10月11日	10月12日	10月13日	10月14日	10月15日	10月16日	10月17日	合計
尺寸不良	16	15	14	15	18	13	14	15	15	14	149
表面不良	7	6	8	6	8	6	9	6	7	6	69
SR露銅絲	1	2	1	3	4	2	1	3	2	3	22
開口	1	0	0	1	1	0	1	1	0	1	6
碰傷	2	0	1	0	1	0	2	0	1	0	7
其他	1	0	1	2	3	2	2	1	1	2	15
合計	28	23	25	27	35	23	29	26	26	26	268
查檢數	1000	1000	1000	1000	1000	1000	1000	1000	1000	1000	10000
不良率(%)	2.8	2.3	2.5	2.7	3.5	2.3	2.9	2.6	2.6	2.6	2.68

查檢人：

查檢時間：2015 年 9 至 10 月 17 日每天

下午 15 時至 17 時

查檢週期：一天一次

查檢方法：抽查

查檢數：1000 條/天

記錄方式：阿拉伯數字

判定方式：

尺寸不良——電腦線長度不在允許範圍之內

表面不良——由於縮水造成的凹面

SR 露銅絲——接頭與線材接口露銅絲

開口——接頭該吻合處出現裂縫

碰傷——表面出現劃痕

表 38-2 電腦線外觀不良統計表

不良項目	不良數	不良率(%)	累計不良率(%)	影響度(%)	累計影響度(%)
尺寸不良	149	1.49	1.49	55.60	55.60
表面不良	69	0.69	2.18	25.75	81.35
SR露銅絲	22	0.22	2.40	8.21	89.56
開口	6	0.06	2.46	2.24	91.80
碰傷	7	0.07	2.53	2.61	94.41
其他	15	0.15	2.68	5.59	100
合計	268	2.68		100	

3. 用柏拉圖分析不良率

有了電腦外觀不良率統計表就可以用柏拉圖對其進行分析。柏拉圖分析法的目的是把眾多數據重新組合排列，排成有意義的圖表，從而找出問題產生的原因。如圖 38-1 所示。

圖 38-1　對電腦線外觀不良率的柏拉圖分析

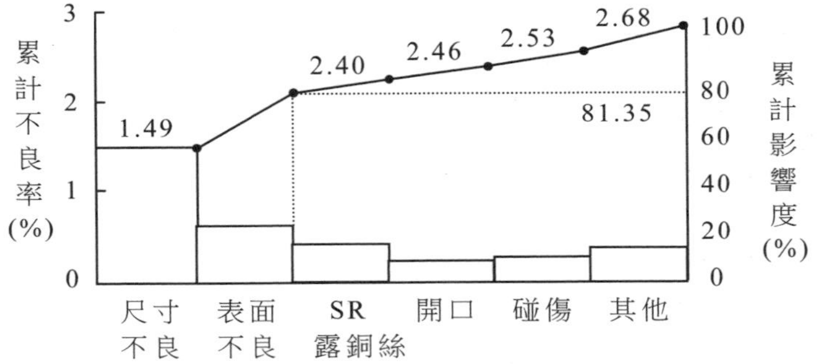

4. 用魚骨圖分析特性要因

透過柏拉圖分析法，我們得知影響產品品質的主要因素是尺寸不良和表面不良，假設尺寸不良為 A，表面不良為 B，就要重點分析 A、B 兩項內容，這時就要用到魚骨圖，因為它能透過現象看本質，找到問題的根本原因。

魚骨圖是非常實用的分析圖，它簡潔實用、具體直觀，是尋找問題根本原因的好方法。魚骨圖是 QC 手法裏最有效，也是最有用的一種分析方法，每個生產管理者都應該學會使用。

魚骨圖的畫法非常簡單，首先畫出主骨，並填好「魚頭」的內容；然後依次畫出「大骨」，填寫重要因素；畫出「中骨」、「小骨」，填寫次要因素，並用特殊符號標記重點內容。

圖 38-2　電腦線尺寸不良的要因分析

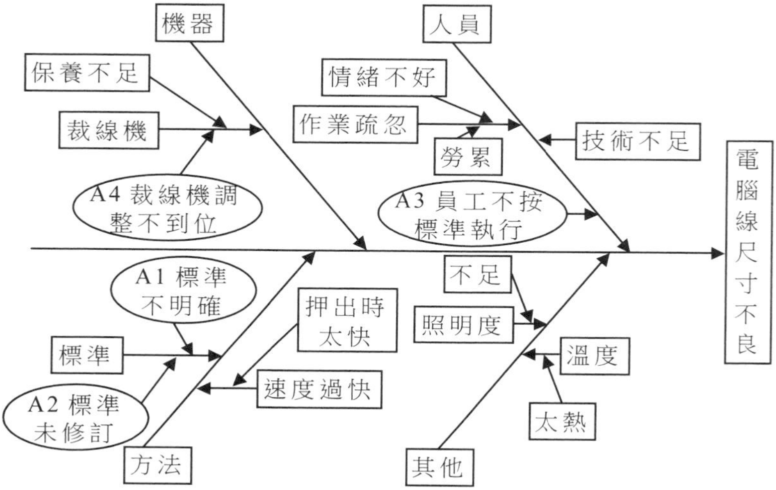

圖 38-3　電腦線表面不良的要因分析

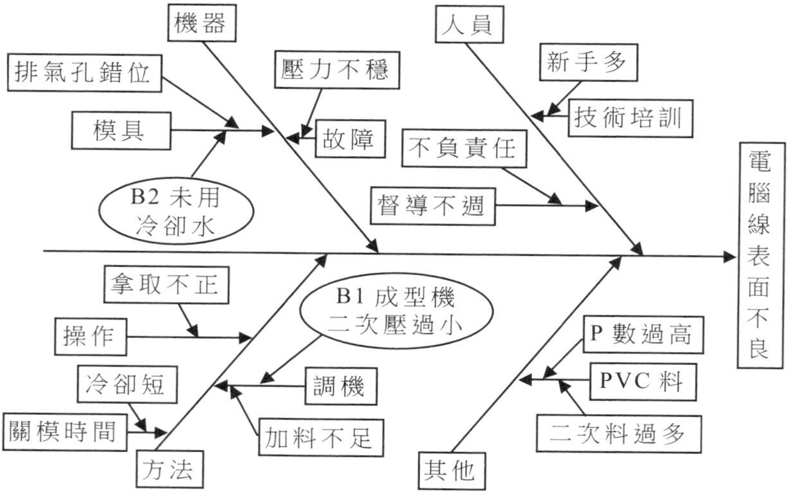

魚骨圖不但可以應用於生產方面，也可以應用於解決其他問題上。

魚骨圖既簡單又實用，一學就懂、一做就有效。我一再強調把簡單的事情做好就是非常不簡單的，做生產管理就要提倡使用簡單的方法。

5. 對策的制訂與實施

魚骨圖畫出來了，對電腦線尺寸不良率的特性要因進行分析後找到了四個重要因素：A1、A2、A3 和 A4，分別列出來、框起來。

對電腦線外觀不良率的特性要因分析也使用同樣的方法，找出 B1、B2 兩個重要因素。找出要因後，就要針對各個問題提出解決方案，即制訂相關的對策。

制訂對策以後，明確責任人、時間期限，最後就去實施：

心得欄

表 38-3 對策的制訂與實施

不良項目	要因細分	對策提出	檢討						提案人	實施計劃	
			效果	費用	可行性	期間	得分	順位		試行日期	負責人
A電腦線尺寸小良	A1 標準不明確	制定明確的標準	5	5	5	5	20	1	範軍	11月2日～11月8日	
	A2 標準未修訂	對標準不斷修訂	3	3	5	3	14	4	葉志明	11月23日～11月29日	
	A3 員工不按標準執行	實施教育訓練	5	3	5	5	18	3	吳向陽	11月16日～11月22日	
	A4 裁線機調整不夠	實施教育訓練	5	5	5	3	18	3	範軍	11月16日～11月22日	
		對裁線機進行點檢調整	5	3	5	5	18	2	葉志明	11月9日～11月15日	
B電腦線表面不良	B1 成型機二次壓過小	將二次壓從15千克調至20千克	5	5	5	5	20	1	吳向陽	11月2日～11月8日	
	B2 未用冷卻水	安裝冷卻水管	5	5	5	3	18	1	陸子文	11月2日～11月8日	

6. 推移圖比較改善前後情況

實施工作完成以後要比較改善對策實施前、實施中、實施後的差異。

圖 38-4　用推移圖比較改善前、改善中和改善後的電腦線外觀不良率

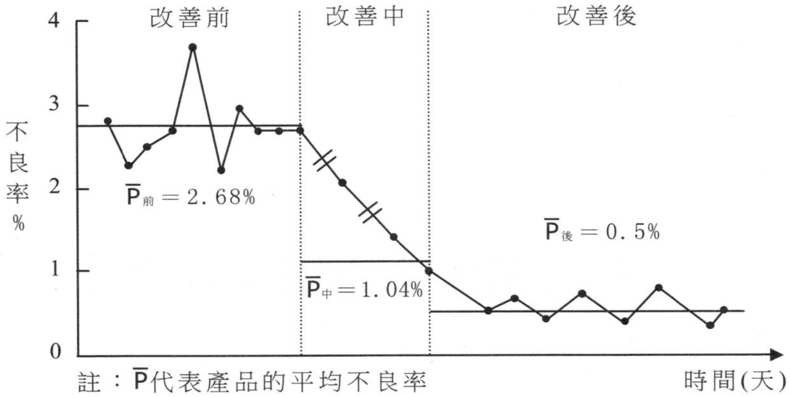

7. 解決方案標準化

問題解決以後，就要將解決問題的方法標準化，如果不標準化，過了一段時間，類似的問題就會再次發生。如將解決的方法標準化，類似的問題就不會再發生。

總之，運用 PDCA 解決問題的幾個步驟如下：把現狀分析出來；用柏拉圖分析原因，然後透過畫魚骨圖找出問題的要因；針對重要原因制訂對策；制訂對策以後，實施對策；實施對策之後檢查效果；如果效果很好要將其標準化；如果沒有效果，進入第二個 PDCA 循環。

表 38-4 解決問題的方法標準化

序號	原訂標準	新訂或修訂標準	修訂	制定
1	無標準	制訂《電腦線尺寸執行標準》		√
2	員工QC教育訓練2小時/月	員工QC教育訓練12小時/月	√	
3	設備查檢標準：裁線機點檢1次/週	設備查檢標準：裁線機點檢1次/天	√	
4	押出機操作規程：二次壓15千克	押出機操作規程：二次壓20千克	√	

39 如何承接訂單，安排生產計劃

生產計劃是對於與生產相關的活動所進行的事前的準備、設計與安排，例如時間上的，如日程的編排；空間上的，如場地規劃。資源上的。如物料的配置等。

一、訂單審查

在轉化為具體的生產訂單之前，所有的訂單都必須經過審查，以確認是否具有生產能力和按時交貨。

1. 審查部門的職責

企業的訂單審查是透過幾個部門來共同完成的，通常是由生產部門主導，其他部門協助來完成。因此，在接到銷售部的訂單時，生產經理要仔細審查，不要輕易簽字。

表 39-1　各部門訂單審查職責

序號	部門	職責
1	銷售部	負責所有已經由生產部、技術部、品質部、物控部審核並確認交貨日期的訂購合約的批准工作
2	技術部	確認本企業是否具備該單生產技術能力
3	品質部	確認本企業是否具備該單品質控制能力
4	物控部	如果遇到緊急訂單時，物控部將確認緊急訂單的物料需求
5	採購部	如果遇到緊急訂單時，採購部將確認緊急訂單的採購配件需求
6	生產部	負責所有訂單和訂購合約的審核工作，並確認每一份訂購合約的交貨日期

2. 訂單審查事項

在接到銷售部提供的正式訂單後，審查訂單客戶要求(如交貨期、品質、技術水準和 BOM 表)、包裝方式是否明確等相關數據無誤後，簽名確認。

(1) 交期確認

客戶發來訂單，訂單上已經標明交貨日期，接下來生產經理則要確認其交貨期是否可以達到。以下是常用的交期計算公式：

交貨期＝原料採購時間(外協)＋生產製造時間＋運送與物流時間＋驗收和檢查時間＋其他預留時間

以下是確認交貨期的一個案例。

某企業關於訂單交貨期的審核

如某企業在 1 月 1 日接到一訂單，如下：

訂單編號	客戶名	產品	數量	規格	交貨期
002001	××	水龍頭	10000個	A03	2月15日

下面生產經理對交貨期進行審核：

其中水龍頭(X01)

水龍頭分六大工序：

採購銅料→鑄造→機加→磨拋→電鍍→(配件採購)裝配→進成品倉

在 A03 型水龍頭進行技術設計時，技術部已經確認了產品工時。下面是生產 10000 個水龍頭需要的時間表：

採購銅原料	鑄造	機加	磨拋	電鍍	前生產總時間
10天	1天	2天	2天	3天	18天

↓

配件採購需要 5 天 → 裝配需要 1 天時間

由於配件採購時間可以與前生產總時間重合，所以可以得出：

A03 型水龍頭所需要的理想時間為 19 天，再加上運送與物流時間與其他預留時間，假設為 11 天，也就是說 A03 型水龍頭理想狀態為 1 個月。

生產經理這個時候可以確認交貨期了。現在是 1 月 1 日，客戶要求期為 2 月 15 日，此時可以簽字，簽字後必須立即投入生產。

必須注意的是：這只是一個交貨期預估法，而不能用做生產計劃。

⑵品質確認

品質由品質部來確認。其確認點為企業是否可以達到客戶所要求的品質標準。如螺紋精度、氣壓水平、流量是否超過企業的正常發揮水準。如果超過了企業的品質控制水準，則應該拒絕簽字。

⑶技術確認

技術確認通常由生產部和技術部聯合進行，其具體確認內容如下：

①技術部要確認 BOM 表，如客戶要求的產品的各個配件，企業的技術庫是否存在，如果不存在配件，企業是否有能力開發。

②客戶所要求的技術水準是否在企業技術水準之內。

⑷新產品確認

有時候，客戶所要求的產品可能是新產品。生產部管理員接到訂單後，應確認此款新產品有無編號、BOM 等書面及系統數據。如果數據不完整，生產部管理員則應及時通知生產經理與技術部、銷售部。通常會出現以下兩種情況：

①一種是物料配件具備，沒有整合，則技術部應馬上整合產品，並進行物料編號。

②一種是技術條件達不到，則告知銷售部訂單延期或者取消。

針對緊急訂單，生產經理必須要求下屬計劃員查詢訂單所需物料狀況，如果無法滿足交貨期應及時與銷售部協商，直到訂出雙方可以接受的交期為止。

⑸包裝確認

一般來說，包裝是由客戶提供的。所以在接單後，生產經理要督促銷售部，最好在 3 天內催促業務員提供包材設計單、7 天內提供客戶注意事項，以交生產部設計包裝樣式。

二、產能與負荷分析

生產訂單經過審查後，基本可以投入生產了。但生產經理必須要進行產能分析，並反覆斟酌考慮，不能將所有訂單全都推到工廠去，以免造成「上半月人人悠閒，下半月天天加班」的現象。

1. 劃分生產單位

生產經理在進行產能分析時，要把若干生產單位看成若干個整體。

表 39-2　產能與負荷分析管製表

生產單位			評估期		
產能狀況	可稼動天數		負荷狀況	生產批號	
	可出勤人數			生產產品	
	可稼動設備數			生產預定量	
	每日班次			標準工時	
	戶能係數			負荷工時	
	產能時間合計			工時合計	
改善及對策：					

生產經理將各生產單位每一時段（一般為月或週次）的產能與負荷分別換算成相同的可比單位，如時間或產量（一般用時間來衡

量），填入同一張表單，以比較分析製造能力與生產任務之間可否平衡。

2. 預估分析

產能預估分析分為月份分析和週次分析兩種類型。

(1) 月份產能預估分析

月份產能預估分析的步驟如下所示：

①求出正常產能。求出該月份依正常上班的總時間內的產能狀況，依次填入產能與負荷分析管製表

②求出產能係數。通常以最近三個月該工作中心的平均生產效率為標準計算產能時間。

a. 設備產能時間＝每日正常上班時間×每日班次×可稼動天數×可稼動設備數

b. 人力產能時間＝每日正常上班時間×每日班次×可稼動天數×每班人數

(2) 週次產能預估分析

即每週末，由生產部依各工作中心分別填寫下週產能狀況。其分析計算方法與月份產能預估分析基本類似。

仍以前例，來計算人力產能時間。

3. 預估分析

生產部將銷售部的訂單編上生產批號，同時加上預估陸續補的訂單，依各生產單位分別填寫負荷狀況。其步驟為：

第一步：填入生產批號(預估訂單可不填寫批號)、生產產品、生產預定量、標準工時。

第二步：負荷工時＝生產預訂量×標準工時。

第三步：合計的負荷工時為各批的負荷工時加總而成。

4.分析產能與負荷之間的差距

在對產能和負荷進行預估分析後，就要對二者進行對比分析，以確定計劃的具體安排。如果二者相等，就可以編制具體的計劃並付諸實施。但如果產能大於或小於負荷，就要採取對應的措施。

⑴預估次月(週)的產能大於負荷

①要求業務部門追加訂單

②將下月(週)的訂單提前

③安排富餘人力或設備支援其他工作中心

④安排富餘設備保養及人員教育培訓

⑤安排調休，減少加班

⑵預估次月(週)的產能小於負荷

①向其他工作中心請求設備、人力支援

②不足工作量由委外加工彌補

③必要時增購設備，增加人力

④延長加班時間

⑤必要時與業務部門協調將部份訂單延遲或取消

以下是產能與負荷不一致時的處理示例。

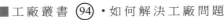

表 39-3　某企業工廠產能大於負荷的處理方案

裝配工廠：　　　　　　　　　　　　　　　　時間：第 35 週

產能狀況	可稼動天數	6天	負荷狀況	生產批號	001	002
	可出勤人數	5人		生產產品	A01	A02
	可稼動設備數	無		生產預定量	3000個	1000個
	每日班次	1班		標準工時	1個/分鐘	3個/分鐘
	戶能係數	90%		負荷工時	50小時	50小時
	產能時間(合計)	216小時		合計	100小時	

改善及對策：

由於該工廠產能嚴重高於負荷，所以公司決定，放假3天

因為這3天的產能為：3×5×8×90%＝108(小時)

剩餘產能為108小時，所以剛好與負荷持平

表 39-4　某企業工廠產能小於負荷的處理方案

裝配工廠：　　　　　　　　　　　　　　　　時間：第 35 週

產能狀況	可稼動天數	6天	負荷狀況	生產批號	001	002
	可出勤人數	5人		生產產品	A01	A02
	可稼動設備數	無		生產預定量	3000個	1000個
	每日班次	1班		標準工時	4個/分鐘	12個/分鐘
	產能係數	90%		負荷工時	200小時	200小時
	產能時間(合計)	216小時		合計	400小時	

改善及對策：

由於該工廠產能嚴重小於負荷，所以公司決定將A02產品100個發外生產，則剩餘產能為200小時，此時剛好與負荷持平

三、編制生產計劃

生產計劃必須包括品種、規格、生產時間、產量、品質和所需的技術文件、工裝模具、材料消耗等這些內容，並根據這些內容制定相關的指導表格。

⑴生產技術準備計劃

表 39-5　某企業的綜合生產技術準備計劃

產品名稱	準備工作項目	執行	進度（月份）											
			1	2	3	4	5	6	7	8	9	10	11	12
新產品	產品設計	技術部	—	—	—									
	樣品試製技術準備	生產部等		—	—	—								
	樣品試製	生產部			—	—	—							
	小批試製技術準備	技術部						—	—	—	—	—		
	製造技術裝備	技術部								—	—	—		
	小批試製	技術部							—	—	—	—		
	小批鑑定	技術評定小組												—
	成批生產	生產部												—

生產技術準備計劃是指為了在生產技術準備工作中，對其內容

加以統籌安排，把設計、技術、試製、鑑定等各階段工作，落實到有關部門、工廠和外協單位，保證在規定期限內完成各項工作而編制的計劃。上表是某企業的綜合生產技術準備計劃示例。

綜合生產技術準備通常以年度為計劃期間，而其他相關部門要以綜合計劃為基礎，選出自己所承擔的技術準備項目，再編制部門的生產技術準備計劃。

(2)工模具製造計劃

工模具的製造計劃是根據生產部門任務單來執行，具體由生產計劃員根據工廠、技術部門的申請來制定的。以下是某企業的模具製造計劃示例。

表 39-6　某企業的模具製造計劃

模具名	負責人	星期一	星期二	星期三	星期四	星期五	星期六	星期日
模具01	王強							
模具02	趙凱							
模具03	劉遠							
夾具01	劉遠							
夾具02	王強							
夾具03	徐文							

(3)產品生產計劃

產品生產計劃是生產部的一個主要任務，具體是由生產計劃員根據物料需求信息與工廠產能來制訂工序階段計劃。

(4)材料採購計劃

材料採購分為原料採購與配件採購，是物料需求員根據物料的淨需求交給生產計劃員。

四、召開生產工作會

生產計劃制訂完畢後，生產經理就要立即召集生產工作會，由生產計劃員彙報生產計劃情況，生產經理則要佈置下一階段的生產任務。

生產工作會議的內容為：

1. 總結上月/上週的生產情況，說明計劃的完成情況及存在的問題。

2. 佈置下月/下週的生產任務。

3. 安排生產計劃的實施措施。

五、安排生產任務

生產計劃確定，召開生產工作會後，生產經理就要著手安排具體的工作任務，將生產計劃付諸實施。

1. 製作具體排程

根據已確定的生產計劃，對具體的生產進行安排。

2. 發放生產任務單

生產任務單由生產計劃員制定，生產經理確認簽字後交由生產統計員發放。生產任務單一般要包含以下內容：

⑴產品名稱。

⑵生產完工數量。

⑶品質要求。

⑷投入量。

⑸客戶要求。

⑹生產完工時間等。

生產任務單必須在投產日期前發放，且發放到與生產相關的工廠、品質部、物控部、倉儲部等。

40 生產作業要加以標準化

標準化就是對於一項任務將目前認為最好的實施方法作為標準，並使之文件化，讓所有做這項工作的人都執行這個標準並不斷地完善它，整個過程稱之為標準化。

1. 標準的製作

實施標準化作業，首先必須要製作相應的標準，如作業指導書、製造步驟書等。

⑴標準的內容

雖然作業標準的表現形式有所不同，但是基本應包括(但不限於)的內容如下表所示。

表 40-1 作業標準的內容

序號	項目	內容
1	適用範圍	此份作業標準適合那道工序，這對前後作業有關聯時是很重要的。但是，像標準書名是「××品的加工」，其對象完全很明確時，則適用範圍可以省略
2	作業人員的操作資格	如焊接等需要特殊操作技能的作業工序，要依照工廠的認可認證制度，應規定有資格者才能操作
3	使用的原材料、零件	要指定用何種原材料或零件，應該對其進行描述，包括原材料或零件的詳細信息，如圖號、數量、大小、型號、料架地點等，以避免在取料過程中產生問題
4	使用的機器、設備	要使用何種機械、工具、測試儀器等也應加以規定，特別是常用的東西更要有明確規定。同時，作業前後如有應點檢的項目時，也應該要規定
5	品質特性值	(1)必須包括每一工序中產品的品質標準，品質標準要求詳細、具體，最好能夠以圖片或邊界樣件的形式表現 (2)每一工作步驟中都應該增加品質檢查這一項目，從而做到「不接受、不製造、不傳遞」缺陷
6	作業方法、條件及注意事項，異常時的處置	應該包括每一個詳細的操作動作，包括拿取物料（拿什麼，從什麼地方拿，怎麼拿，拿多少），步行過程，操作過程（每一個詳細的步驟）等，不能忽略安全注意事項
7	作業單位、作業時間	這些是作業效率、成本、工程的各種管理項目的基準，所以是重要項目。作業時間通常以協調時間和實質作業時間來規定
8	作業管理項目和管理方法	這是現場主管而重要項目，指定要不要記錄，以及要報告的時候應該報告給誰等

⑵製作

作業標準的製作要點主要包括：

①必須從具體作業實際著手，具有可操作性。

②儘量簡化統一，將複雜的技術轉化成易懂易掌握的基本技能，並將不同的方法、標準統一成一種或幾種方法或標準。

不是所有的工作都可以運用標準化作業，知零碎的、單項的、機動性強的工作，都不適宜於標準化。標準化作業主要是運用於作業內容明確可重覆時。

③標準要使用準確、具體的術語，避免出現模糊、難以理解的語句。

④文字表達要準確、通暢，力求簡練，要符合邏輯規律，不可前後矛盾或不一致。

⑤要遵循統一的要求來編寫，不能各行其是，文件的體例和格式要統一。

⑥為了便於修訂，文件宜裝在文件夾中，這樣可以在修訂時，只更改某一面，而不必要改整個文件。

2. 標準的執行

作業標準只有被執行才有其價值，因此有必要建立能執行標準的環境，同時應該告知作業人員如何執行作業標準。下頁表簡要講述了一些基本的執行措施。

3. 作業標準的修訂

標準是根據實際的作業條件及當時的技術水準制定出來的，代表了當時最方便、最安全的作業方法。在實際使用中，隨著實際作業條件的改變和技術水準的不斷提高，就需要對其中的內容進行修訂改善。

(1)修訂的必要時機

當原來的標準有任何不完備，品質規格或作業條件有所變更時，或是進行更積極的改善時，可以修訂作業標準，具體表現為：

①按照標準進行作業，但會產生不良品或其他不合適時。

②標準裏未被明示的地方有缺陷時。當作業人員在作業時，如果生產的產品品質時好時壞，這時就要引起注意，可能相關的作業標準和控制項目還存在不完善的地方。

③品質規格有變時。例如，當 10mm±0.1mm 變更為 12mm±0.1mm 時，只改變數字即可。但 10mm＋0.1mm 變更為 10mm＋0.01mm 時，則機械精度、作業方法、測定方法等都會發生變化，這時就應從多方面檢查有必要修訂的項目。

④作業條件有變更時。即當人員、機器、材料、方法、環境、測量中的任何一個要素有變更時。

(2)修訂的責任者

修訂作業標準的最佳責任人首先是作業人員本身。作業標準是作業人員最熟悉的標準，也是日常作業的標準，因此有無問題作業人員最容易把握。

其次是班長、組長等管理人員。制定標準來遵守是現場管理的基本方法，因此，標準的適合與否，應該是班長、組長最關心的問題。

再次品質管理者、技術專業人員也應該是責任者之一，尤其是隨品質規格或作業條件的變更等伴隨而來的標準變更是專業人員的責任。在修訂作業標準時，要根據企業的變更管理規定進行，且要明確新標準的發佈與舊標準紛回收，以免造成新、舊標準混用的現象。

41 嚴格控制不良品

不良品是指一個產品單位上含有一個或一個以上的缺點。進行不良品控制，要明確相關責任人的職責，從不良品的產生原因著手。

1. 分析不良品產生的原因

不良品是工廠不願看到的，但又是很難避免的。因此，在生產過程中應切實分析不良品產生的原因，找出主要影響，這樣才能在生產作業中規避並實施改進措施。

表 41-1 不良品產生的原因

序號	原因	具體說明
1	設計和規範方面	(1)含糊或不充分 (2)不符合實際的設計或零件裝配，公差設計不合理 (3)圖紙或資料已經失效
2	機器和設備方面	(1)加工能力不足 (2)使用了已損壞的工具、夾具或模具 (3)缺乏測量設備/測量器具(量具) (4)機器保養不當 (5)環境條件(如溫度和濕度)不符合要求等
3	材料方面	(1)使用了未經試驗的材料 (2)用錯了材料 (3)讓步接收了低於標準要求的材料
4	操作和監督方面	(1)操作者不具備足夠的技能 (2)對製造圖紙或指導書不理解或誤解 (3)機器調整不當 (4)監督不充分
5	過程控制和檢驗方面	(1)過程控制不充分 (2)缺乏適當的檢驗或試驗設備 (3)檢驗或試驗設備未處於校準狀態 (4)核對總和試驗指導不當 (5)檢驗人員技能不足或責任心不強

2. 不良品的預防

對不良品的防止預防，應基於其產生原因並結合其他的相關措施進行，具體如下表所示。

表 41-2　不良品的預防

序號	措施	說明
1	良好的教育與培訓	每一項工作都需要專業人員將專業知識演化為實用性的技巧，因此不良品的預防需要相關的專業人員如品質工程師等進行相關培訓
2	制定標準	制定不良品的控制辦法，規定不良品的標誌、隔離、評審、處理和記錄辦法等
3	實施準確的統計	對不良品的預防不能僅僅從發現後的處理來尋找問題點，而應做好日常的相關品質統計，根據數據來分析，避免不良現象的重覆產生
4	做好機器保養	產品是靠機器來生產的，機器有精密度與壽命，平常就得注意保養，以提高其精度，保證產品的品質

3. 做好不良品的隔離

生產現場對於不良品實施隔離可達到以下幾個目的：確保不良品不被誤用，最大限度地利用物料，明確品質責任，便於品質事項原因的分析。具體做法是：

⑴在各生產現場(製造、裝配或包裝)的每台機器或拉台的每個工位旁邊，均應配有專用的不良品箱或袋，以便用來收集生產中產生的不良品。

⑵在各生產現場(製造、裝配或包裝)的每台機器或拉台的每個工位旁邊，要專門劃出一個專用區域用來擺放不良品箱或袋，該區域即為「不良品暫放區」。

⑶各生產現場和樓層要規劃出一定面積的「不良品擺放區」用

來擺放從生產線上收集來的不良品。所有的「不良品擺放區」均要用有色油漆進行畫線和文字註明，區域面積的大小視該單位產生不良品的數量而定。

4. 不良品區域管制

⑴不良品區內的貨物，在沒有品管部的書面處理通知時，任何部門或個人不得擅自處理或運用。

⑵不良品的處理必須要由品管部監督進行。

5. 不良品的處理

⑴明確相關責任人的職責

對於生產線上的不良品，首先應明確相關責任人的職責。

①作業人員。作業人員(檢查人員)在按檢查基準判明為不良品後，一定要將不良品按不良內容區分放入紅色不良品盒中，以便作不良品分類和不良品處理工廠主管。

②工廠主管。應每兩小時一次對生產線出現的不良品情況進行巡查，並將各作業人員工位處的不良品，按不良內容區分收回進行確認。對每個工位作業人員的不良判定的準確性進行確認。如果發現其中有不良品，要及時送回該生產工位與該員工確認其不良內容，並再次講解該項目的判定基準。

⑵不良品分類

對當日內的不良品進行分類即當一天工作結束後，要對當日內生產出的不良品進行分類。

對某一項(或幾項)不良較多的不良內容，或者是那些突發的不良項目進行分析(不明白的要報告上司求得支援)，查明其原因，拿出一些初步的解決方法，並在次日的工作中實施。

若沒有好的對策或者不明白為什麼會出現這類不良時，要將其作為問題解決的重點，在次日的品質會議上提出(或報告上司)，從而透過他人以及上司(技術人員、專業人員)進行討論，從各種角度分析、研究，最終制定一些對策並加以實施，然後確認其效果。

(3)不良品的記錄及放置

當日的不良品，包括一些用作研究(樣品)的或被分解報廢等所有不良品都要在當日註冊登錄在每日不良品統計表上，然後將不良品放置到指定的不良品放置場所內。

表 41-3　不良品隔離管制統計表

生產部門/班組：　　　　　　　　　　　　日期：

品名/規格	顏色	編號	工位	不良品變動			區域編號	備註
				進	出	存		

42 生產異常的處理對策

在生產過程中，難免有異常狀況發生，異常的發生直接影響生產任務的完成，影響訂單的交貨期，因而，生產經理對生產異常的種類及各種排除方法應做到胸中有數，以能適當、適時採取相應對策，以確保生產任務的完成，滿足客戶交貨期的要求。

1. 異常種類

生產異常，是指造成生產現場停工或生產進度延遲的情形，由此造成的無效工時，也可稱為異常工時。

常見生產異常如下：

⑴計劃異常。因生產計劃臨時變更或安排失誤等導致的異常；

⑵物料異常。因物料供應不及時(斷料)、物料品質問題等導致的異常；

⑶設備異常。因設備、工裝不足或故障等原因而導致的異常；

⑷品質異常。因制程中出現了品質問題而導致的異常，也稱制程異常；

⑸產品異常。因產品設計或其他技術問題而導致的異常，或稱機種異常；

⑹水電異常。因水、氣、電等原因而導致的異常。

2. 異常狀況排除

生產異常狀況包括生產計劃異常、物料異常、設備異常、制程品質異常、設計技術異常、水電異常等。對其排除也應從這幾個方面著手，具體如下表所示。

表 42-1 異常狀況排除

序號	異常情形	排除說明
1	生產計劃異常	(1)根據計劃調整，作出迅速合理的工作安排，保證生產效率，使總產量保持不變 (2)安排因計劃調整而餘留的成品、半成品、原物料的盤點、入庫、清退等處理工作 (3)安排因計劃調整而閒置的人員做前加工或原產品生產等工作 (4)安排人員以最快速度做計劃更換的物料、設備等準備工作 (5)利用計劃調整時間作必要的教育訓練
2	物料異常	(1)接到生產計劃後，應立即確認物料狀況，查驗有無短缺 (2)隨時進行各種物料的信息掌控，回饋給相關部門以避免異常的發生 (3)物料即將告缺前30分鐘，用警示燈、電話或書面形式將物料信息回饋給採購、資材、生產部門 (4)物料告缺前10分鐘確認物料何時可以續上 (5)如物料屬短暫斷料，可安排閒置人員做前加工、整理整頓或其他零星工作 (6)如物料斷料時間較長，可安排人員作教育訓練，或與生產部協調作計劃變更，安排生產其他產品
3	設備異常	(1)發生設備異常時，立即通知生技部門協助排除 (2)安排閒置人員做整理整頓或前加工工作 (3)如設備故障不易排除，需較長時間，應與生產部門協調另作安排

續表

4	制程品質異常	(1)異常發生時，迅速用警示燈、電話或其他方式通知品管部及相關部門 (2)協助品管部、責任部門一起研討對策 (3)配合臨時對策的實施，以確保生產任務的達成 (4)對策實施前，可安排閒置人員做前加工或整理、整頓工作 (5)異常確屬暫時無法排除時，應與生產部門協調作生產變更
5	設計技術異常	(1)迅速通知品管部、生技部或開發部 (2)採取同制程品質異常的處理方式處置
6	水電異常	(1)迅速採取降低損失的措施 (2)迅速通知生技部門加以處理 (3)人員可作其他工作安排

3. 生產異常處理

發生生產異常，即有異常工時產生，時間在 10 分鐘以上時，應填寫異常報告單，並按生產異常處理辦法進行處理。

表 42-2　異常報告單

生產批號		生產產品		異常發生單位	
發生日期		起訖時間	自　　時　　分至　　時　　分		
異常描述		異常數量			
停工人數		影響度		異常工時	
緊急對策					
填表單位	主管：　　審核：　　填表：				
責任單位 分析對策					
責任單位	主管：　　審核：　　填表：				
會簽					

4. 異常責任處理

(1)責任分析

要對生產異常進行處理，首先要辨析生產異常責任歸屬，才能找出妥善的對策。下表分部門來展現屬於各個部門責任的工作失誤現象。

(2)異常責任處理

①公司內部責任單位因作業疏忽而導致的異常，列入該部門工作考核，責任人員依公司獎懲規定予以處理。

表 42-3　生產異常責任劃分表

責任部門	工作失誤表現
開發部	未及時確認零件樣品；設計錯誤或疏忽；設計延遲；設計臨時變更；設計資料未及時完成；其他因設計開發原因導致的異常
生產部	生產計劃日程安排錯誤；臨時變換生產安排；物料進貨計劃錯誤造成物料斷料而停工；生產計劃變更未及時通知相關部門；未發「製造命令單」；其他因生產安排、物料計劃而導致的異常
採購部	採購下單太遲，導致斷料；進料不全導致缺料；進料品質不合格；尚未進貨或進錯物料；未下單採購；其他因採購業務疏忽所致的異常
資材部	料帳錯誤；備料不全；物料查找時間太長；未及時點收廠商進料；物料發放錯誤；其他因倉儲工作疏忽所致的異常
製造部	工作安排不當，造成零件損壞；操作設備儀器不當，造成故障
供應商	供應商所致的責任除考查採購部、品管部等內部責任部門外，對廠商也應酌情予以索賠：如交貨延遲、進貨品質嚴重不良、數量不符、送錯物料、其他因供應商原因所致的異常
其他	特殊個案依具體情況，劃分責任；有兩個以上部門責任所致的異常，依責任主次劃分責任

②供應商的責任除考查採購部門或相關內部責任部門外，列入供應商評鑑，必要時應按損失工時向廠商索賠。

③生產部、製造部均應對異常工時進行統計分析，在每月經營會議上提出分析說明，以檢討改進。

43 交貨期的管制

交貨期管理是工廠為了遵守和客戶簽訂的貨期，工廠按質、按量、按期地交貨，而按計劃生產並統一控制的管理。

1. 交貨期作業及管制重點

交貨期管理不單是某一個部門的事，所以企業最好是設計一個管理流程及相關聯絡表單，就交貨期設定、交貨期變更及生產異常等做出一定的規範。

(1) 交貨期設定

生產部要依據「排程原則」及「產能負荷分析」編制生產計劃，確定交貨期。

(2) 交貨期變更

交貨期變更的形式有：提前、延後、取消三種。變更時，各相關部門應如此做：

①銷售部門發出「交貨期變更通知單」，通知相關部門。

②生管部門修改「交貨期預定表」，並發出「進度修訂通知單」，調整生產計劃。

表 43-1　交貨期變更通知單

通知單位：　　　　　　製造號碼：

產品名稱規格：　　　　生產數量：　　　年　月　日

<table>
<tr><td>接單日期</td><td>原預定交貨期</td><td>變更交貨期</td><td rowspan="2">變更
原因</td><td rowspan="2">□船期　月/日 □人員不足
□L/C　□製造異常
□配合客戶要求□機械故障□
原物料延遲</td></tr>
<tr><td></td><td></td><td></td></tr>
<tr><td>項目</td><td>單位</td><td colspan="3"></td></tr>
<tr><td>原定</td><td></td><td colspan="3"></td></tr>
<tr><td rowspan="2">修正</td><td></td><td colspan="3"></td></tr>
<tr><td></td><td colspan="3"></td></tr>
<tr><td colspan="5">主管：　　　　　　經辦：</td></tr>
</table>

表 43-2　進度修訂通知單

收受：　　　　日期：　　年　月　日　　　編號：

<table>
<tr><th>訂單號</th><th>品名</th><th>類別</th><th>投料/日期</th><th>完工/日期</th><th>數量</th><th>修訂日期</th></tr>
<tr><td></td><td></td><td>原進度</td><td></td><td></td><td></td><td rowspan="2"></td></tr>
<tr><td></td><td></td><td>修訂進度</td><td></td><td></td><td></td></tr>
<tr><td></td><td></td><td>原進度</td><td></td><td></td><td></td><td rowspan="2"></td></tr>
<tr><td></td><td></td><td>修訂進度</td><td></td><td></td><td></td></tr>
<tr><td></td><td></td><td>原進度</td><td></td><td></td><td></td><td rowspan="2"></td></tr>
<tr><td></td><td></td><td>修訂進度</td><td></td><td></td><td></td></tr>
<tr><td colspan="7">生產經理：　　　　　　承辦：</td></tr>
</table>

2. 縮短交貨期的方法

為達到縮短交貨期的目的，可采取下表中的方法。

表 43-3　交貨期的縮短方法

序號	方法	具體說明
1	調整生產順序	將特定、緊急的訂單優先安排進行生產，但這種優先要事前取得銷售部門的認可
2	分批生產同時生產	同一訂單的生產數量分成幾批進行生產，首次的批量少點，以便儘快生產出來，這部份就能縮短交貨期，或用幾條流水線同時進行生產來達到縮短交貨期的目的
3	縮短工程時間	縮短安排工作的時間，排除工程上浪費時間的因素或在技術上下工夫，加快加工速度以縮短工程時間

3. 交貨期延遲改善對策

交貨期延遲並非單單是生產部門的原因，銷售部門、物控部門、研發部門、採購部門方面的原因及相互溝通、協調不善也可能導致產品生產延遲，影響交貨期。因而應查找原因，並制定相應的對策。對已延遲交貨期的應採取以下補救方法：

⑴在知道要誤期時，先和不急著要的產品對換生產日期。

⑵延長作業時間(加班、休息日上班、兩班制、三班制等)。

⑶分批生產，被分出來的部份就能挽回延遲的時間，使顧客先取得一定數量的產品。

⑷同時使用多條流水線生產。

⑸請求銷售、後勤等其他部門的支援，這樣等於增加作業時間。

⑹委託其他工廠生產一部份。

44 生產品質的控制

品質是製造出來的，而不是檢驗出來的，只有全員參與品質管理才能取得較好的效果。生產經理必須要做好生產品質控制，減少不良品以使生產出來的產品符合產品設計品質。

一、嚴格執行「三不原則」

不接受不合格品、不製造不合格品、不流出不合格品的「三不原則」是許多工廠的品質方針、品質目標或宣傳口號。因為「三不原則」是品質保證的原則，所以生產經理一定要嚴格實施。

1. 三不原則的基本做法要求

(1)不接受不合格品

不接受不合格品是指員工在生產加工之前，先對前道傳遞的產品按規定檢查其是否合格，一旦發現問題則有權拒絕接受，並及時回饋到前道工序。前道工序人員需要馬上停止加工，追查原因，採取措施，使品質問題得以及時發現、及時糾正，並避免不合格品的繼續加工所造成的浪費。

(2)不製造不合格品

不製造不合格品是指接受前道的合格品後，在本崗位加工時嚴格執行作業規範，確保產品的加工品質。對作業前的檢查、確認等準備工作做得充分到位；對作業中的過程狀況隨時留意，避免或及早發現異常的發生，減少產生不合格品的概率。準備充分並在過程中得到確認是不製造不合格品的關鍵。只有不產生不良品，才能使得不流出和不接受不良品變為可能。

⑶不流出不合格品

不流出不合格品是指員工完成本工序加工，需檢查確認產品品質，一旦發現不良品，必須及時停機，將不良品在本工序截下，並且在本工序內完成對不良品的處置並採取防止措施。本道工序應保證傳遞的是合格產品，否則會被下道「客戶」拒收。

2. 三不原則的實施要點

「三不原則」是生產現場品質保證的一個運行體系，下表簡要說明了其基本的實施要點。

心得欄

表 44-1　三不原則的實施要點

序號	實施要點	說明
1	誰製造誰負責	(1)每個人的品質責任從接受上道工序合格產品開始，必須確保本道工序的產品品質符合要求 (2)一旦在本道工序發現不良品或接收到後道工序回饋的不良品後，該人員必須立即停止生產，調查原因，採取對策，對品質負責到底
2	誰製造誰檢查	(1)產品的生產者，同時也是產品的檢查者，透過檢查，確認生產合格，才能確保合格產品流入下道工序 (2)透過自身檢查，作業人員可以對本工序加工產品的狀態瞭解得更清楚
3	作業標準化	員工必須嚴格執行標準化作業，按照規定的操作步驟進行生產作業
4	全數檢查	所有產品、所有工序無論採取什麼形式都必須由操作者實施全數檢查
5	不良品的處理	(1)在工序內一旦發現不良品，操作者有權利也有責任立即停止生產，並針對產生不良品的人、機、料、法、環、測等現場要素及時確認，調查原因並及時處理 (2)設置不良品看板或不良品區域，使管理人員都知道，讓大家一起認真分析對策，并改善作業標準
6	防錯	科學合理地設計使用防錯裝置，如信號燈、錯誤警報等，做好事先的預防，減少各種差異變動，把品質控制在要求的範圍內

二、全員參與品質管理

生產作業過程中每個環節和員工的工作都會對產品品質有影響。因此必須把企業所有人員的積極性和創造性充分激發起來，不斷提高人員的素質，全員參與品質管理確保產品品質。

1. 全員把關

全面品質管理要求每一個人都對產品品質負有責任，及時發現品質問題，在問題出現的萌芽階段解決。生產線上的每名員工都有責任及時發現品質問題並尋找其根源，不讓任何有品質缺陷的加工件進入下一工序。

也就是說，在全面品質管理中，與強調透過檢驗員嚴把品質關相比，更強調全員把關，即每一個員工保證不讓任何有品質缺陷的加工件進入下一工序。

2. 品質教育

要求全員參與品質管理，必須不斷地對全體人員進行品質教育，使他們認識到品質管理的重要性，消除「品質與我無關」的錯誤觀點。為了讓現場的生產人員真正地把品質放在心上，有必要將品質與績效掛鈎，可以制定品質獎懲制度，並讓所有員工都瞭解。

以下節選的是某工廠關於生產現場品質的獎懲制度，該制度嚴格規定了生產現場中與品質有關事項的績效標準與未達到標準的懲罰標準，供生產經理在實際管理中參考運用。

現場品質獎懲標準

1. 生產技術和操作指導由產品工程師負責起草並發放至工廠，設備的操作指導由設備部負責起草並發放至工廠，缺少相關指導一份扣罰責任人 20 元。

2. 操作者按生產計劃填寫「現品票」，現品票填寫應字跡清晰、內容正確完整，對不符合者每次扣罰 20 元。

3. 生產開始前操作者必須按要求對設備進行點檢，確認設備完好後方可開始生產，點檢表應填寫完整，內容正確、字跡清晰；如發現設備異常，須立即填寫設備維修申請單上報廠長/設備管理員，同時在點檢表中標註異常情況。未按要求進行點檢每次扣罰相應操作者 20 元，設備帶病作業每次扣罰 50 元，記錄填寫不符合者每次扣罰 10 元。

4. 操作者在生產過程中應嚴格按技術要求和設備操作指導書進行生產，井將過程、產品數據填入相應記錄單。不按技術要求進行生產者每次扣罰 50 元；未按要求記錄過程、產品數據者，每次扣罰 50 元：記錄填寫不清晰、不完整者，每次扣罰 20 元。

5. 生產過程中操作者須對產品進行自檢並將檢驗數據填入相應流轉單，未按要求記錄過程數據者，每次扣罰 20 元。生產過程中操作者須對發現的不合格品及時上報直接主管/檢驗員進行登記、隔離、標示和處置，對隱瞞不報者，每次扣罰 20 元；導致不合格品流入下道工序者，每次扣罰 50～100 元。

6. 操作者生產過程申應按要求使用相關生產工裝器具、防護工具和帶有合格標誌的材料，確保產品品質，不按要求使用工裝器具和材料者每次扣罰 20 元，造成品質損失者酌情扣罰 50～200 元，同時扣罰其直接主管 200 元。

7. 工廠檢驗員按要求對過程進行巡檢並記錄檢驗數據，未執行或未記錄檢驗數據者，每次扣罰 20 元；巡檢發現不合格品，操作者應根據評審結果及時進行處理，發現以次充好、以廢充好現象，一次罰款 50 元。

8. 對生產完畢的半成品、成品，須經檢驗員抽檢，抽檢合格後檢驗員在流轉單上簽合格章，產品隨流轉單一起轉入下道工序；未向檢驗員報檢而轉入下道工序，每次扣罰直接責任人 50 元。產品不合格需特採者，須經品管部經理和技術中心主任簽字確認，產品不合格未經特採而轉入下道工序者，扣罰相關操作者 50～100 元，同時扣罰其直接主管 100～200 元；對已檢驗合格的半成品在下道工序發現批量不合格，經確認屬本工廠責任者，每次扣罰工廠檢驗員 50～100 元，扣罰廠長 100～200 元。

9. 生產過程中操作者須保持材料或半成品標誌清晰、完整，檢驗試驗狀態明確，確保不接受、不傳遞無標誌或狀態不明確的材料或半成品。對不按上述要求執行者，每次扣罰 50 元。

10. 操作完畢後，應對現場進行清理，確保現場整潔有序，設備完好。現場未用完的材料應及時放入相應的庫位，產成品用相應的週轉工具移入儲存區進行停放，並做好標誌和防護，流轉單交由倉庫保管員整理存檔。現場雜亂、不整潔者，每次扣罰直接責任人 20 元；不按規定存放或標誌材料/半成品者，每次扣罰直接責任人 50 元。工廠內設有倉庫的，倉庫保管員每次發出材料前需對材料建立完整的標誌(材料名稱、生產日期、檢驗狀態)，否則可拒收，發至工廠的材料無標誌，每次分別扣罰工廠領料員和倉庫保管員 50 元。導致誤用造成品質損失的由工廠領料人和倉庫保管員各承擔 50%損失，同時扣罰每人 100 元，扣罰其直接主管 200～500 元。

11. 工廠內的材料、半成品、成品要按規定進行存放，擺放整齊，輕拿輕放，避免碰撞損傷表面，不按規定存放者，扣罰相關責任人 50 元，同時發現表面損傷的半成品、成品需由檢驗員登記返工後流入下道工序或入庫，發現因防護不當導致產品缺陷者，每次扣罰相關責任人 20 元，因不按規定擺放用錯材料者，扣罰相關責任人 50 元。

12. 生產現場需保持整潔、有序；設備、工具、模具完好無損，擺放整齊，檔案完整；現場使用作業指導書、技術文件完整、有效；現場所用材料、半成品均需放入相應區域且區域標誌顯著、清晰；定置定位管理有效；發現一處不符合扣罰工廠主任 50 元。

13. 操作者一個月內同一品質問題重覆發生三次，其直接主管必須被扣罰，扣罰金額為操作者累計被扣罰金額的兩倍。

14.當月工廠 PPM 值超過目標值，按超出率(每超出 10%扣罰 100 元)對本工廠進行扣罰，計算方式：(當月 PPM 值－目標值)÷目標值×100%，扣罰金額最大不超過 2000 元。

15.發現有品質問題時，要根據相關程序及作業標準作出及時處理，每延期一天對相關責任人扣罰 50 元。

心得欄 --

149	展覽會行銷技巧	360 元
150	企業流程管理技巧	360 元
152	向西點軍校學管理	360 元
154	領導你的成功團隊	360 元
155	頂尖傳銷術	360 元
160	各部門編制預算工作	360 元
163	只為成功找方法，不為失敗找藉口	360 元
167	網路商店管理手冊	360 元
168	生氣不如爭氣	360 元
170	模仿就能成功	350 元
176	每天進步一點點	350 元
181	速度是贏利關鍵	360 元
183	如何識別人才	360 元
184	找方法解決問題	360 元
185	不景氣時期，如何降低成本	360 元
186	營業管理疑難雜症與對策	360 元
187	廠商掌握零售賣場的竅門	360 元
188	推銷之神傳世技巧	360 元
189	企業經營案例解析	360 元
191	豐田汽車管理模式	360 元
192	企業執行力（技巧篇）	360 元
193	領導魅力	360 元
198	銷售說服技巧	360 元
199	促銷工具疑難雜症與對策	360 元
200	如何推動目標管理（第三版）	390 元
201	網路行銷技巧	360 元
204	客戶服務部工作流程	360 元
206	如何鞏固客戶（增訂二版）	360 元
208	經濟大崩潰	360 元
215	行銷計劃書的撰寫與執行	360 元
216	內部控制實務與案例	360 元
217	透視財務分析內幕	360 元
219	總經理如何管理公司	360 元
222	確保新產品銷售成功	360 元
223	品牌成功關鍵步驟	360 元
224	客戶服務部門績效量化指標	360 元
226	商業網站成功密碼	360 元
228	經營分析	360 元
229	產品經理手冊	360 元

230	診斷改善你的企業	360 元
232	電子郵件成功技巧	360 元
234	銷售通路管理實務〈增訂二版〉	360 元
235	求職面試一定成功	360 元
236	客戶管理操作實務〈增訂二版〉	360 元
237	總經理如何領導成功團隊	360 元
238	總經理如何熟悉財務控制	360 元
239	總經理如何靈活調動資金	360 元
240	有趣的生活經濟學	360 元
241	業務員經營轄區市場（增訂二版）	360 元
242	搜索引擎行銷	360 元
243	如何推動利潤中心制度（增訂二版）	360 元
244	經營智慧	360 元
245	企業危機應對實戰技巧	360 元
246	行銷總監工作指引	360 元
247	行銷總監實戰案例	360 元
248	企業戰略執行手冊	360 元
249	大客戶搖錢樹	360 元
250	企業經營計劃〈增訂二版〉	360 元
252	營業管理實務（增訂二版）	360 元
253	銷售部門績效考核量化指標	360 元
254	員工招聘操作手冊	360 元
256	有效溝通技巧	360 元
257	會議手冊	360 元
258	如何處理員工離職問題	360 元
259	提高工作效率	360 元
261	員工招聘性向測試方法	360 元
262	解決問題	360 元
263	微利時代制勝法寶	360 元
264	如何拿到 VC（風險投資）的錢	360 元
267	促銷管理實務〈增訂五版〉	360 元
268	顧客情報管理技巧	360 元
269	如何改善企業組織績效〈增訂二版〉	360 元
270	低調才是大智慧	360 元
272	主管必備的授權技巧	360 元

275	主管如何激勵部屬	360 元
276	輕鬆擁有幽默口才	360 元
277	各部門年度計劃工作（增訂二版）	360 元
278	面試主考官工作實務	360 元
279	總經理重點工作（增訂二版）	360 元
282	如何提高市場佔有率（增訂二版）	360 元
283	財務部流程規範化管理（增訂二版）	360 元
284	時間管理手冊	360 元
285	人事經理操作手冊（增訂二版）	360 元
286	贏得競爭優勢的模仿戰略	360 元
287	電話推銷培訓教材（增訂三版）	360 元
288	贏在細節管理（增訂二版）	360 元
289	企業識別系統 CIS（增訂二版）	360 元
290	部門主管手冊（增訂五版）	360 元
291	財務查帳技巧（增訂二版）	360 元
292	商業簡報技巧	360 元
293	業務員疑難雜症與對策（增訂二版）	360 元
294	內部控制規範手冊	360 元
295	哈佛領導力課程	360 元
296	如何診斷企業財務狀況	360 元
297	營業部轄區管理規範工具書	360 元
298	售後服務手冊	360 元
299	業績倍增的銷售技巧	400 元
300	行政部流程規範化管理（增訂二版）	400 元
301	如何撰寫商業計畫書	400 元
302	行銷部流程規範化管理（增訂二版）	400 元
303	人力資源部流程規範化管理（增訂四版）	420 元
304	生產部流程規範化管理（增訂二版）	400 元
305	績效考核手冊(增訂二版)	400 元
306	經銷商管理手冊(增訂四版)	420 元
307	招聘作業規範手冊	420 元
308	喬・吉拉德銷售智慧	400 元
309	商品鋪貨規範工具書	400 元
310	企業併購案例精華(增訂二版)	420 元
311	客戶抱怨手冊	400 元
312	如何撰寫職位說明書(增訂二版)	400 元
313	總務部門重點工作（增訂三版）	400 元
314	客戶拒絕就是銷售成功的開始	400 元
315	如何選人、育人、用人、留人、辭人	400 元
316	危機管理案例精華	400 元
317	節約的都是利潤	400 元

《商店叢書》

10	賣場管理	360 元
18	店員推銷技巧	360 元
30	特許連鎖業經營技巧	360 元
35	商店標準操作流程	360 元
36	商店導購口才專業培訓	360 元
37	速食店操作手冊〈增訂二版〉	360 元
38	網路商店創業手冊〈增訂二版〉	360 元
40	商店診斷實務	360 元
41	店鋪商品管理手冊	360 元
42	店員操作手冊（增訂三版）	360 元
43	如何撰寫連鎖業營運手冊〈增訂二版〉	360 元
44	店長如何提升業績〈增訂二版〉	360 元
45	向肯德基學習連鎖經營〈增訂二版〉	360 元
46	連鎖店督導師手冊	360 元
47	賣場如何經營會員制俱樂部	360 元
48	賣場銷量神奇交叉分析	360 元
49	商場促銷法寶	360 元
50	連鎖店操作手冊(增訂四版)	360 元
51	開店創業手冊〈增訂三版〉	360 元
52	店長操作手冊（增訂五版）	360 元

53	餐飲業工作規範	360 元
54	有效的店員銷售技巧	360 元
55	如何開創連鎖體系〈增訂三版〉	360 元
56	開一家穩賺不賠的網路商店	360 元
57	連鎖業開店複製流程	360 元
58	商鋪業績提升技巧	360 元
59	店員工作規範（增訂二版）	400 元
60	連鎖業加盟合約	400 元
61	架設強大的連鎖總部	400 元
62	餐飲業經營技巧	400 元

《工廠叢書》

13	品管員操作手冊	380 元
15	工廠設備維護手冊	380 元
16	品管圈活動指南	380 元
17	品管圈推動實務	380 元
20	如何推動提案制度	380 元
24	六西格瑪管理手冊	380 元
30	生產績效診斷與評估	380 元
32	如何藉助 IE 提升業績	380 元
35	目視管理案例大全	380 元
38	目視管理操作技巧(增訂二版)	380 元
46	降低生產成本	380 元
47	物流配送績效管理	380 元
49	6S 管理必備手冊	380 元
51	透視流程改善技巧	380 元
55	企業標準化的創建與推動	380 元
56	精細化生產管理	380 元
57	品質管制手法〈增訂二版〉	380 元
58	如何改善生產績效〈增訂二版〉	380 元
67	生產訂單管理步驟〈增訂二版〉	380 元
68	打造一流的生產作業廠區	380 元
70	如何控制不良品〈增訂二版〉	380 元
71	全面消除生產浪費	380 元
72	現場工程改善應用手冊	380 元
75	生產計劃的規劃與執行	380 元
77	確保新產品開發成功（增訂四版）	380 元
78	商品管理流程控制(增訂三版)	380 元
79	6S 管理運作技巧	380 元
80	工廠管理標準作業流程〈增訂二版〉	380 元
81	部門績效考核的量化管理（增訂五版）	380 元
82	採購管理實務〈增訂五版〉	380 元
83	品管部經理操作規範〈增訂二版〉	380 元
84	供應商管理手冊	380 元
85	採購管理工作細則〈增訂二版〉	380 元
86	如何管理倉庫（增訂七版）	380 元
87	物料管理控制實務〈增訂二版〉	380 元
88	豐田現場管理技巧	380 元
89	生產現場管理實戰案例〈增訂三版〉	380 元
90	如何推動 5S 管理（增訂五版）	420 元
91	採購談判與議價技巧	420 元
92	生產主管操作手冊(增訂五版)	420 元
93	機器設備維護管理工具書	420 元
94	如何解決工廠問題	420 元

《醫學保健叢書》

1	9 週加強免疫能力	320 元
3	如何克服失眠	320 元
4	美麗肌膚有妙方	320 元
5	減肥瘦身一定成功	360 元
6	輕鬆懷孕手冊	360 元
7	育兒保健手冊	360 元
8	輕鬆坐月子	360 元
11	排毒養生方法	360 元
13	排除體內毒素	360 元
14	排除便秘困擾	360 元
15	維生素保健全書	360 元
16	腎臟病患者的治療與保健	360 元
17	肝病患者的治療與保健	360 元
18	糖尿病患者的治療與保健	360 元
19	高血壓患者的治療與保健	360 元
22	給老爸老媽的保健全書	360 元
23	如何降低高血壓	360 元
24	如何治療糖尿病	360 元

25	如何降低膽固醇	360 元
26	人體器官使用說明書	360 元
27	這樣喝水最健康	360 元
28	輕鬆排毒方法	360 元
29	中醫養生手冊	360 元
30	孕婦手冊	360 元
31	育兒手冊	360 元
32	幾千年的中醫養生方法	360 元
34	糖尿病治療全書	360 元
35	活到 120 歲的飲食方法	360 元
36	7 天克服便秘	360 元
37	為長壽做準備	360 元
39	拒絕三高有方法	360 元
40	一定要懷孕	360 元
41	提高免疫力可抵抗癌症	360 元
42	生男生女有技巧〈增訂三版〉	360 元

《培訓叢書》

11	培訓師的現場培訓技巧	360 元
12	培訓師的演講技巧	360 元
14	解決問題能力的培訓技巧	360 元
15	戶外培訓活動實施技巧	360 元
17	針對部門主管的培訓遊戲	360 元
20	銷售部門培訓遊戲	360 元
21	培訓部門經理操作手冊（增訂三版）	360 元
22	企業培訓活動的破冰遊戲	360 元
23	培訓部門流程規範化管理	360 元
24	領導技巧培訓遊戲	360 元
25	企業培訓遊戲大全(增訂三版)	360 元
26	提升服務品質培訓遊戲	360 元
27	執行能力培訓遊戲	360 元
28	企業如何培訓內部講師	360 元
29	培訓師手冊（增訂五版）	420 元
30	團隊合作培訓遊戲(增訂三版）	420 元
31	激勵員工培訓遊戲	420 元

《傳銷叢書》

4	傳銷致富	360 元
5	傳銷培訓課程	360 元
7	快速建立傳銷團隊	360 元
10	頂尖傳銷術	360 元
12	現在輪到你成功	350 元
13	鑽石傳銷商培訓手冊	350 元
14	傳銷皇帝的激勵技巧	360 元
15	傳銷皇帝的溝通技巧	360 元
19	傳銷分享會運作範例	360 元
20	傳銷成功技巧（增訂五版）	400 元
21	傳銷領袖（增訂二版）	400 元
22	傳銷話術	400 元

《幼兒培育叢書》

1	如何培育傑出子女	360 元
2	培育財富子女	360 元
3	如何激發孩子的學習潛能	360 元
4	鼓勵孩子	360 元
5	別溺愛孩子	360 元
6	孩子考第一名	360 元
7	父母要如何與孩子溝通	360 元
8	父母要如何培養孩子的好習慣	360 元
9	父母要如何激發孩子學習潛能	360 元
10	如何讓孩子變得堅強自信	360 元

《成功叢書》

1	猶太富翁經商智慧	360 元
2	致富鑽石法則	360 元
3	發現財富密碼	360 元

《企業傳記叢書》

1	零售巨人沃爾瑪	360 元
2	大型企業失敗啟示錄	360 元
3	企業併購始祖洛克菲勒	360 元
4	透視戴爾經營技巧	360 元
5	亞馬遜網路書店傳奇	360 元
6	動物智慧的企業競爭啟示	320 元
7	CEO 拯救企業	360 元
8	世界首富　宜家王國	360 元
9	航空巨人波音傳奇	360 元
10	傳媒併購大亨	360 元

《智慧叢書》

1	禪的智慧	360 元
2	生活禪	360 元
3	易經的智慧	360 元
4	禪的管理大智慧	360 元
5	改變命運的人生智慧	360 元

6	如何吸取中庸智慧	360 元
7	如何吸取老子智慧	360 元
8	如何吸取易經智慧	360 元
9	經濟大崩潰	360 元
10	有趣的生活經濟學	360 元
11	低調才是大智慧	360 元

《DIY 叢書》

1	居家節約竅門 DIY	360 元
2	愛護汽車 DIY	360 元
3	現代居家風水 DIY	360 元
4	居家收納整理 DIY	360 元
5	廚房竅門 DIY	360 元
6	家庭裝修 DIY	360 元
7	省油大作戰	360 元

《財務管理叢書》

1	如何編制部門年度預算	360 元
2	財務查帳技巧	360 元
3	財務經理手冊	360 元
4	財務診斷技巧	360 元
5	內部控制實務	360 元
6	財務管理制度化	360 元
8	財務部流程規範化管理	360 元
9	如何推動利潤中心制度	360 元

為方便讀者選購，本公司將一部分上述圖書又加以專門分類如下：

《企業制度叢書》

1	行銷管理制度化	360 元
2	財務管理制度化	360 元
3	人事管理制度化	360 元
4	總務管理制度化	360 元
5	生產管理制度化	360 元
6	企劃管理制度化	360 元

《主管叢書》

1	部門主管手冊（增訂五版）	360 元
2	總經理行動手冊	360 元
4	生產主管操作手冊（增訂五版）	420 元
5	店長操作手冊（增訂五版）	360 元
6	財務經理手冊	360 元
7	人事經理操作手冊	360 元

8	行銷總監工作指引	360 元
9	行銷總監實戰案例	360 元

《總經理叢書》

1	總經理如何經營公司(增訂二版)	360 元
2	總經理如何管理公司	360 元
3	總經理如何領導成功團隊	360 元
4	總經理如何熟悉財務控制	360 元
5	總經理如何靈活調動資金	360 元

《人事管理叢書》

1	人事經理操作手冊	360 元
2	員工招聘操作手冊	360 元
3	員工招聘性向測試方法	360 元
5	總務部門重點工作	360 元
6	如何識別人才	360 元
7	如何處理員工離職問題	360 元
8	人力資源部流程規範化管理（增訂四版）	420 元
9	面試主考官工作實務	360 元
10	主管如何激勵部屬	360 元
11	主管必備的授權技巧	360 元
12	部門主管手冊（增訂五版）	360 元

《理財叢書》

1	巴菲特股票投資忠告	360 元
2	受益一生的投資理財	360 元
3	終身理財計劃	360 元
4	如何投資黃金	360 元
5	巴菲特投資必贏技巧	360 元
6	投資基金賺錢方法	360 元
7	索羅斯的基金投資必贏忠告	360 元
8	巴菲特為何投資比亞迪	360 元

《網路行銷叢書》

1	網路商店創業手冊〈增訂二版〉	360 元
2	網路商店管理手冊	360 元
3	網路行銷技巧	360 元
4	商業網站成功密碼	360 元
5	電子郵件成功技巧	360 元
6	搜索引擎行銷	360 元

《企業計劃叢書》

1	企業經營計劃〈增訂二版〉	360 元

當市場競爭激烈時：

培訓員工，強化員工競爭力
是企業最佳對策

「人才」是企業最大的財富。如何提升人才，是企業永續經營、戰勝對手的核心競爭力。積極培訓公司內部員工，是經濟不景氣時期的最佳戰略，而最快速的具體作法，就是「**建立企業內部圖書館，鼓勵員工多閱讀、多進修專業書籍**」

建議您：請一次購足本公司所出版各種經營管理類圖書，作為貴公司內部員工培訓圖書。 使用率高的（例如「贏在細節管理」），準備 3 本；使用率低的（例如「工廠設備維護手冊」），只買 1 本。

工廠叢書 (94)　　售價：420 元

如何解決工廠問題

西元二〇一五年八月　　初版一刷

編輯指導：黃憲仁

編著：陳銘輝

策劃：麥可國際出版有限公司（新加坡）

編輯：蕭玲

校對：劉飛娟

發行人：黃憲仁

發行所：憲業企管顧問有限公司

電話：(02) 2762-2241　(03) 9310960　0930872873

電子郵件聯絡信箱：huang2838@yahoo.com.tw

銀行 ATM 轉帳：合作金庫銀行　帳號：5034-717-347447

郵政劃撥：18410591　憲業企管顧問有限公司

登記證：行政業新聞局版台業字第 6380 號

本圖書是由憲業企管顧問（集團）公司所出版，以專業立場，為企業界提供最專業的各種經營管理類圖書。

圖書編號 ISBN：978-986-369-024-5